率性教育的理论与实践探索

于伟　等 / 著

教育科学出版社
·北京·

让懂教育的学者办教育

（代　序）

教育是有规律的，要按照规律来办教育。因此，我个人一直都比较坚持让懂得教育的人来办学，这样的校长才能按照教育规律办教育，不会出现反教育行为。我过去曾在《让懂得教育的教育家办学》一文中指出，目前教育工作者大致分为两种：一种是教育实践工作者，他们辛勤工作在第一线，但很少有理论的创新；另一种是教育理论工作者，他们一般具有系统的教育理论，但很少参与教育实践，所以他们的理论往往不能有效地影响教育实践。这两种人都有不足之处。这几年来有了许多进步，一批高校的教育理论工作者开始走向基层、走向学校，和学校的老师共同开展研究；许多中小学老师也开始学习教育理论，开展教育研究。

从我国小学校长的实际情况来讲，他（她）们大多成长于教学一线，从优秀教师中选拔为校长。他（她）们积累了丰富的教育经验，经过几年锻炼，成为既有自己的教育思想，又有自己的教育风格的好校长。近些年来，一些师范院校为了理论联系实际，更好地为我国教育改革服务，从教授中遴选附属学校的校长。这是一项创举。东北师范大学带了一个头，上个世纪末就把留学日本的熊梅博士派作附属小学的校长。前几年又把原教育学部的部长于伟教授派去领导附属小学。这两位都不是等闲之辈，在附小开展了多种实验，取得丰硕成果。于伟教授担任校长以后开展了“率性教育”的研究。今天，我终于看到于伟校长的佳作《率性教育的理论与实践探索》。

于伟是一名学者，是教育部长江学者特聘教授、博士生导师，学问做得好，在我国教育哲学研究领域有一定影响。从《率性教育的理论与实践探索》一书中可以看到，学者当校长，也会遇到不少困难，因为一名从事理论研究的学者走进小学教育实践的田野，将教育理论转化为教育教学实践成果不是一件容易的事情。

主要的困难有三个。一是办出高水平难。因为是学者出身，大家自然有一种角色设定，总觉得学者有先进的理念、理论，他们指导的教育教学活动应该体现出不同一般的水准。如果达不到心理预期，即使带领学校实现了发展，仍感觉水平还不够高。

二是系统改革难。一般的小学校长都会选择一个切入点实施改革。但学校的整体改革涉及方方面面，尤其是课程与教学改革，需要慢功夫，如果得不到教师、家长的认同，很难成功。

三是理论转化难。这是学者担任校长面临的最大挑战。这里的转化，包括角色转化、理论与实践的转化。角色转化，就不是写好文章，搞好研究就了事的，而是要在许多事务中“拍板儿”，做决策。理论到实践的转化更难，在小学实际中要考虑其实践的可行性、操作性，这是很困难的事情。因为“应然”是一回事，“实然”又是另一回事。

仔细品读了这本《率性教育的理论与实践探索》之后，我想于伟校长带领他的团队较好地化解了以上几方面困难。将学校办学理念深深植根于中国优秀文化传统之中是于伟校长智慧的选择，这增强了全体教职员工的道路自信、制度自信、理论自信、文化自信，形成了具有共同愿景的教育共同体。率性教育办学理念引领了包括课程与教学改革在内的学校系统变革，包括率性学校的建构、率性学生与率性教师形象的塑造、率性德育的探索等。在率性教学探索中，“有过程的归纳教学”是当前小学课程与教学改革中一个大的突破。东北师范大学附属小学的探索给大家带来了新视角，“有过程的归纳教学”是实实在在的理论与实践创新。于伟校长和他的团队，用了短短四年的时间完成了从书斋到田野的转变。

可以说，率性教育之路是于伟和其带领的团队在田野中一步一步用脚踩出来的。愿我国的小学教育中这种与大学的高水平联姻越来越多，愿懂教育的学者到小学去成功办学的越来越多。

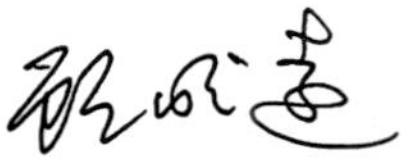

2018 年 6 月 12 日

目　　录

导　言

一

“率性教育”来源于我国最早的教育哲学著作《中庸》，其开篇将天命、人性、教育的关系凝练地表述为：“天命之谓性，率性之谓道，修道之谓教。”2014 年，东北师范大学附属小学将其创造性地转化为“保护天性、尊重个性、培养社会性”。保护天性，即遵循儿童“性之自然趋势”，保护儿童愿意探究、愿意想象、好问、好动、爱学习、喜创造的天性；尊重个性，即要尊重学生的差异，尤其强调在课程开发、教学、教育活动等多个层面的实践中尊重学生的个性；培养社会性，即主要利用知识技能习得、行为规范养成以及价值观念形成等途径，培养学生自主精神、合作态度、规则意识和责任观念，为学生未来成为合格公民奠定价值基础。

率性教育既是教育思想，也是办学理念。率性教育从基础教育的角度强调遵循儿童身心发展规律办教育，是一种宏观的教育思想。同时，又从“率性学校”“率性学生”“率性教学”“率性德育”等具体方面规范学校办学实践，因此也是一种具体的办学理念。

率性教育强调尊重规律。率性教育认为，人（儿童）的身心发展是有规律的，人（小学生）的培养是有规律的，学校办学是有规律的，面向学生的教育教学也是有规律的。因此，率性教育强调遵循规律，遵循儿童身心发展的规律。

率性教育深具本土文化的理论自信、文化自信。在率性教育实践研究过程中，学校坚持“文化自信”，深耕传统理论资源，重视“用中国智慧解决中国问题”。率性教育体现了我国古代教育哲学智慧在现代教育实践中的创造性转化，体现了中国本土文化的内在自信与理论自觉。

二

率性教育的提出基于东北师范大学“为全国基础教育服务”的办学价值追求。东北师范大学有把中国基础教育担在肩上的大格局。东北师范大学附属小学作为东北师范大学的附属学校，一直在大学“尊重的教育、创造的教育”办学理念的引领下，继承发展已有研究成果，致力于“解放儿童”“为了儿童发展，促进学校变革”的基础教育研究和实践。当然，率性教育的提出，也充分继承了东北师范大学附属小学在近 70 年发展历史过程中由王祝辰、李筱琳等老校长领导下所形成的解放儿童、给儿童更多自由和爱的历史传统。

率性教育基于多学科的学术视野。教育的对象是人，对人的根本性质的认识是教育理论与实践创生的重要的参照点。率性教育立足于对儿童的天性、儿童的差异和儿童的成长等的形而上学的思考，分别从脑科学、生物学等方面提供充实的成果进行论证，充分说明保护天性、尊重个性、培养社会性在小学阶段的重要性。

率性教育具有明确的问题意识与现实关怀。基于对当前教育中存在的片面追求完美主义、功利主义、主张“一刀切”等思想观念的批判，率性教育强调要站在儿童的角度看问题，保护儿童愿意自主探究、活泼好动的自然属性，强调因材施教、量体裁衣，让儿童的差别显现出来，让儿童在获得知识技能的基础上，形成正确的人生观、价值观，未来成为合格的公民。

三

率性教育办学理念为教育教学行动提供了坚实的理论基础。2014—2015 年是率性教育的实践改革初期，学校重点在率性教学领域展开理论与实践探索，形成了“上下结合、加强指导，团队分工、注重学习，梳理汇报、关注诊断”的率性教学研究制度。每学期组织全校 11 个学科有计划地开展学科大单元校本课程开发，并在学校管理、师资队伍建设、空间环境建设等方面为率性教学的有效实施提供全方位的保障。

“十三五”期间，学校通过科研立项的形式加强研究，申报了教育部人文社会科学研究“十三五”规划项目“率性教育的理论与实践探索”。自此，率性教育的多方面研究全面展开。基于对小学阶段儿童学习、成长规律的研究，学校在教学改革中着力探索“有过程的归纳教学”，以“情境与具象、操作与体验、对话与省思”为着眼点，在语文、数学、英语、科学、道德与法治等学科开展教学实验，在教学创新上取得了重要突破。同时，学校在学生德育工作中着力实施“有过程、有尊重、有道理”的率性德育，通过班队会建设活动、主题教育活动、年间大型活动、养成教育活动、社团（社会）实践活动等培养率性学生。

在 4 年多的理论与实践研究过程中，学校创立了“率性教育研究协作体”，结集出版与率性教育相关的图书 16 部，各学科开发形成了“学科大单元校本课程”，形成优秀课例 200 余节。2015—2017 年，学校以“儿童哲学与率性教育”为题，成功召开 4 次国际国内学术会议。通过学术研讨会的方式，汇聚顶级智囊团，为率性教育研究“把脉”，统整大学、政府、学校三方力量协同创新，为率性教育的实施提供全方位保障。率性教育逐步得到国内外知名专家学者的认可。

四

在东北师范大学教育学原理团队的协作带动下，东北师范大学附属小学教师团队深入开展行动研究，按照“边研究、边实践、边反思、边提升”的行动研究策略，着力探索，注重实效。我们按照行动研究的方法，围绕着率性教育理论与实践探索过程，从率性教育的提出、率性教育理论体系的建构、率性教学实践探索、率性德育实践探索四个方面，展开率性教育的行动研究。本书是四年来率性教育理论与实践探索的一个阶段性总结和梳理，凝结了全校教师的辛勤汗水和实践智慧。

全书包括三个部分。

第一部分为率性教育的理论部分，包括两章。

第一章“率性教育的提出”，系统地阐述了率性教育理念生成的过程，指出率性教育的提出是基于四个方面的考虑：第一，综合考虑了学校发展的历史传承；第二，考虑了中国古代传统教育、当代教育家教育思想，特别是《中庸》的教育哲学思想；第三，考虑了儿童天性、儿童差异和儿童成长的意蕴；第四，考虑了完美主义、功利主义、“一刀切”等当前学校教育中存在的突出问题。

第二章“率性教育的理论体系”，由率性教育内涵与率性教育的学校图景两部分构成。内涵部分，从“保护天性、尊重个性、培养社会性”三个方面对率性教育进行了理论诠释；学校图景部分，从学校像、教师像、学生像、率性教学、率性德育、空间环境等方面全面刻画了学校未来的建设与发展蓝图。

第二部分为率性教学的理论与实践探索部分，包括三章。

第三章“率性教学的基本内涵”，介绍了率性教学是如何提出的，以及率性教学的内涵。本部分重点指出，率性教学的提出是基于对当前教学突出问题的反思，基于对知识先验性的反思，基于对东北师范大学附属小学个性化教学的传承，基于培养核心素养的需要。率性教学是遵循知识、经验、能力和智慧发生规律，以及儿童成长发展规律与阶段性特点，促进儿童在共同体中成长的教学。其三个关键词是有根源、有过程、有个性。

第四章“有过程的归纳教学”，介绍了有过程的归纳教学的内涵、倡导的原因、三个着眼点以及实施的策略。本部分重点指出，有过程的归纳教学强调“从特殊到一般”，即从个别现象出发，抽象出共性，总结出一般的结论；强调从经验过的东西推断未曾经验过的东西，从事物的过去和现在推断事物的未来，或者从事物的现在推断事物的过去。倡导有过程的归纳教学主要考虑了以下几点：其一，儿童的认知是从个别到一般、从具体到抽象的过程；其二，小学阶段的学习内容具有抽象性和先验性；其三，基于对当前教学突出问题的反思。

就教学实践而言，在课堂上实施有过程的归纳教学可以从“情境与具象、操作与体验、对话与省思”三个着眼点入手，并遵从明确儿童学习的起点、创设恰当的学习情境、提供丰富的学习素材、指导学生主动展开归纳等教学策略。

第五章“有过程的归纳教学举隅”，展示了学校在语文、数学、英语、道德与法治、科学等学科围绕有过程的归纳教学所进行的典范性的实践探索案例。这些探索，从单元整体开发、课例研究两条实践路径入手，从内容选择、单元（课时）目标确定、教学任务设计、教师的指导等方面对有过程的归纳教学展开了系统研究与梳理。

第三部分为率性德育的理论与实践探索部分，包括三章。

第六章“率性德育的基本内涵”，揭示了率性德育提出的背景和率性德育的内涵。率性德育是基于复杂社会环境对学校德育的冲击、国家全面贯彻落实“立德树人”任务的要求等新时代对学校德育的新要求而提出的，它是对学校中普遍存在的重智轻德、德育方法单一、德育合力不足等德育问题的回应，是对学校德育工作的持续探索。

基于率性教育理念提出的率性德育，强调儿童道德品质的形成，要遵循德育规律与儿童道德品质的发展规律和特点，关注儿童成长过程中的发展变化，尊重每个儿童的人格人性，让儿童在知理、明理中学会做人、学会做事，为成为有理想、懂道理、明事理的合格公民奠定基础。其基本内涵为有过程、有尊重、有道理。

第七章“率性德育的实践路径”，介绍了如何在实践中落实率性德育有过程、有尊重、有道理的基本内涵。为了便于教师探索率性德育实践操作的基本策略或方法，学校提出率性德育实践探索的四组关键词，即实践与体验、对话与唤醒、明辨与省思、立志与笃行，以帮助教师创造性地育德育人。

第八章“率性德育的实践探索”，呈现了我校全体教育人通过班队建设活动、学校年间活动、社团（社会）实践活动、养成教育活动等，不断深化有过程、有尊重、有道理的率性德育的一些实践探索案例。这些案例对德育活动细节的回顾、对德育活动设计的解读无不完整地呈现了教师认识率性德育内涵的过程，研究率性德育实践的过程，总结反思德育行为的过程，为读者完整地呈现了率性德育探索的样貌。

五

本书的撰写体现了学校以教师为主体的特点。“率性教育的理论与实践探索”是全校师生共同参与的研究课题，从各学科单元案例的研发到课程内容的组织实施，从德育活动方案的设计到具体活动的开展，教师们参与了率性教育从理论走向实践的整个过程，因此，率性教育的阶段性研究成果也由教师进行总结归纳。虽然教师们研究的基础、能力和水平存在着一定的差别，但从总体上来说，每一个教师在参与率性教育理论与实践研究过程中都有不同程度的提升与发展：既丰富了对率性教育理论的认识，又增强了实践的能力和研究的能力。

在本书撰写过程中，于伟负责全书框架、体例的设计及内容的指导；第一、二章由学校科研管理中心教师执笔；第三、四、五章由学校教学管理中心组织教师撰写；第六、七、八章由学校学生管理中心组织教师撰写；全书由于伟、王艳玲、脱中菲统稿。

我们对率性教育的研究与实践还在持续。这本书仅仅总结了学校初步的理论认识和实践探索成果，一定存在着许多不足和问题，我们诚挚地希望读者能够提出宝贵的意见。

（执笔人：于伟）

第一部分

率性教育的理论构建

第一章 率性教育的提出

率性教育理念的提出，是基于对学校发展历史的传承，对古今中外已有研究的梳理，以及对学校教育面临问题的剖析。

一、学校发展的历史传承

（一）尊重与创造：大学办学理念的引领

东北师范大学附属小学作为东北师范大学的附属学校，一直在大学办学理念的引领和指导下，致力于基础教育的研究和实践。

东北师范大学的前身为东北大学，成立于1946年，是中国共产党在东北创建的第一所综合性大学，由东北行政委员会副主席、张学良将军的胞弟张学思兼任校长。1949年7月，学校经过三年多的辗转迁移，定址长春市。1950年4月，根据国家教育事业发展的需要，学校易名为“东北师范大学”，隶属教育部，成为一所以培养新型的中学师资为目标的高等师范院校。1952年，我国无产阶级革命家、著名教育家和社会科学家成仿吾到东北师范大学担任党委书记兼校长。成老带领全校师生，实行正规化办学，狠抓教学改革和教材建设，加强科学研究的领导和管理，充实教师队伍，弘扬延安精神，使东北师范大学有了长足的发展，成为我国最有影响和最具发展实力的师范大学之一。1996年，中共中央总书记江泽民为东北师范大学题词“办好师范教育，培养优秀教师，提高民族素质”。

70 多年的发展与奋斗，东北师范大学没有辜负党和人民的拳拳重托和殷殷厚望，走过了一条辉煌的道路，成为著名的“人民教师的摇篮”。

进入 21 世纪以后，东北师范大学根据学校的性质和多年办学的实践经验，提出“尊重的教育、创造的教育”理念。

“尊重的教育”是主导、倡导、引导、指导学校和教师在教育教学活动中实施合规律、合价值、合人性的教育教学行为的思想与精神。它的核心是在这种新的理念的指导下重建师生关系、重建教师和学生在教育过程中的地位、重建教育教学环境，为学生创造精神的形成和创造型人才的成长提供良好的氛围，使素质教育真正得到实现。“尊重的教育”的内涵主要有四点，即尊重教育规律、尊重人才成长规律、尊重学生的人格人性、尊重教育者的劳动成果。① 这个理念的核心是“以人为本”，目的是通过尊重学生、尊重个性而激励创新。

而“创造的教育”是在“尊重的教育”理念基础上，面对师范大学承担“两代师表”的共育重任，及其在创新型国家建设和创造型人才培养中具有的战略性、基础性、先导性地位，与时俱进提出来的教育理念。创造是教育的本质，“创造的教育”的核心是培养未来师资的创造意识、创造激情和创造能力，彰显了新时代师范大学人才培养的目标和特色。“创造的教育”的内涵可从“教师应该如何教、学生应该如何学、环境应该如何营造”三大方面进行阐释，主要包括倡导注重过程的探究教育，激发基于兴趣的内生动力，养成批判反思的思维习惯，塑造卓越担当的人生品格，构建协同开放的育人模式，凝铸张扬个性的校园文化②。

“尊重的教育”与“创造的教育”两者之间是传承和发展的关系。“尊重的教育”是基础，是源，更加具有普遍性；“创造的教育”是发展，是流，更加具有时代性。“尊重的教育”提出了一个基本原则，即教育要

---

① 盛连喜．关于对学校教育理念的认识：“尊重的教育”理念的提出及其对实践的指导意义［J］．东北师大学报（哲学社会科学版），2001（5）：3-6，22.

② 刘益春．谈谈“创造的教育”［EB/OL］．（2017-03-14）［2018-01-01］．http：//www.nenu.edu.cn/6f/1b/c139a28443/page.htm.

建立在尊重人性的基础之上，尊重复杂的包括了各种可能性的人性，尊重每一个都不尽相同的个体，尊重他们自由的发展；“创造的教育”则指出了一个具体方向，即发展人的创造性，这是教育的核心目标之一。①

“尊重的教育、创造的教育”，其核心是对人的生命的尊重，把人的发展作为教育的终极追求。这个教育理念，既是一所师范大学基于其教师教育的功能提出的理性追求，也是应对基础教育中的问题所提出的办学要求和价值导向。作为东北师范大学的附属小学，将大学“尊重的教育、创造的教育”的教育理念在基础教育中进行实践、诠释是我们义不容辞的责任，对大学“尊重的教育、创造的教育”的教育理念的理解剖析正是我校率性教育办学理念提出的坚实根基。我校率性教育的办学理念，内含了对教育规律、人的成长规律的尊重，科学分析了处于发展之中、具有各种可能性的儿童，明确了创新型人才在小学阶段需重点培养的素养，特别是学习的兴趣、创造的激情、丰富的想象。

（二）解放儿童：学校70年的教育主旨

东北师范大学附属小学诞生于新中国成立前夕。1948年7月，东北师范大学的前身东北大学刚由黑龙江省佳木斯市迁到吉林省吉林市。随着规模的逐渐壮大，大学决定筹办一所子弟小学，这就是东北师范大学附属小学的前身。回顾学校近70年的办学历程，从建校之初的8间平房、2位教师、50多名学生，到今天4所小学、2所幼儿园、800多名教师和近万名学生，在岁月的更迭、学校的发展中却一直贯穿着一个清晰的教育主旨：解放儿童。

1950年4月，随着东北大学易名为“东北师范大学”，学校也随之更名为“东北师范大学员工子弟小学”；次年2月，学校又更名为“东北师范大学附设完全小学校”。学校更名后的首任校长为王祝辰先生。王祝辰

① 严蔚刚.“创造的教育”：历史比较与东师印记［EB/OL］.（2007-04-19）［2018-01-01］. http：//www. nenu. edu. cn/70/86/c139a28806/page. htm.

先生是民国时期国内饶有声望的课程与教学论专家。他的课程与教学论思想，一方面来源于在燕京大学等高等学府的学习与深造，另一方面也来源于前后长达 26 年的小学校长生涯的历练与沉淀。1949 年，王祝辰到东北大学教育问题研究室任教，并在此期间担任了附属小学的校长。

王祝辰校长是东北师范大学附属小学教育主旨的奠基人，他带领学校教师研究儿童天性，并依托对儿童天性的理解进行教学法的实验。王祝辰校长曾出版《动的教学法之尝试》《小学语文教学法研究》等著作。他于 20 世纪 20 年代受到杜威教育思想的影响而提出的“动的教学法”，融合了自学辅导、分团教学、社会化法、道尔顿制等方法的长处，对今天的课堂教学改革依然有诸多启发。在《动的教学法之尝试》一书中，王祝辰对儿童的天性特点进行了详细的阐述：“我们知道儿童天性是活泼的，快乐的，向前进取的，……儿童有‘动的本能’，‘活泼好动’是‘儿童天性’。所以我们在学校里常看到数十千百儿童，绝无一刻静止的时候。那么，我辈从事教育者，便应当顺应或利用儿童这种固有的自动力，使之动而不宜使之静。”① 他认为，“固定、嫌恶、受纳、无考虑等”都是“静的教学”状态；“试为、快乐、进取、批评、辩论等”则是“动的教学”状态②。在他看来，“动的教学”“从科学上讲：是各种学科尽量的活动，是各种学科互相波及的活动。从心理上讲：是各种心力——感受，认识，记忆，想像，推理，证验，判断——健全的活动。从个人上讲：是身心相应，精神和肉体一致的活动。从团体上讲：是全体团员互助的研究的（活）动。从教学上讲：是教师学生交相讨论的活动。从生活上讲：是适应现在生活和预备将来生活互重的活动。从学习上讲：是兴趣和努力互为因果的活动。从人格上讲：是行为，知识，体格互相适应的活动”③。这就是对“动的教学”的阐释。

小学教育以儿童为出发点，以儿童的成长为目标。而儿童作为自然属

---

① 王鸿霖．动的教学法之尝试［M］．北平：北师附小，1936：5.

② 同①8.

③ 同①8-9.

性高、社会属性相对较低的特殊群体，社会赋予他们的深切厚望与其自身特殊的未特定化状态，决定了认识儿童应成为教育的前提。应该说，王祝辰校长对儿童天性的研判及基于此开展的“动的教学”的研究和尝试，为学校后续的教育研究和实践指明了方向，也明确了学校的职责就在于立足当下、面向未来，用适合儿童的方式去看待儿童、理解儿童，进而“解放儿童”。因此，学校历任校长带领学校教师开展的实验研究与实践探索，都是认真贯彻国家教育方针，紧紧围绕着“儿童”二字，基于“儿童就是儿童”的观念而开展的。

所以，学校在2014年提出的以“保护儿童天性”为基石的率性教育理念，是学校历史发展的必然走向，是对王祝辰等学校开创者解放儿童天性理念和实践的回应与传承。

（三）教育研究：学校70年的发展基因

对“解放儿童”教育宗旨的研究与实践，并不是自然而然发生的。东北师范大学附属小学作为师范大学的附属小学，从诞生之日起，就被赋予了实验、示范的责任和使命，因此融入了一个重要的发展基因——教育研究。近70年来，学校始终以改革创新为动力，以教育科研为内生力，密切关注国内外基础教育改革发展的趋势，不断追踪和探索教育实践领域中的热点和难点问题，形成了“坚持实验，探索规律，科学施教，全面育人”的办学特色。

从20世纪50年代开始，东北师范大学附属小学就成为东北师范大学教育系的教育科研基地，教育系的教师们带领附小教师开展了诸多教育学、心理学实验。这些合作研究开启了学校自身进行教育科研的大门。这一时期，学校开展了学制改革实验，劳动教育、品德教育实验，“因材施教，培养特长学生”实验，学校的研究成果参加了教育部举办的教育成果展览会，学校还被评为吉林省及全国教育系统先进单位。

20世纪六七十年代，学校以单科单项的课堂教学改革为突破口，在多个学科进行了课堂教学改革比较研究，如语文学科“讲一读三写一”实验研究，数学学科“彩色木条”实验研究和国外数学教材比较研究，音乐学科的“乐器进课堂”实验研究，课外活动小组培养学生兴趣特长的实验研究，及各学科课程设置的实验研究，等等。这些单项课题研究，皆立足于为儿童提供更优质的课程，有效地提高了学科教学的质量，也增强了教师的科研意识和能力。

从80年代中期至今，学校一直坚持进行整体改革研究与实践，以国家级科研课题为龙头，带动一个时期内学校的整体变革。这些课题主要包括学校整体改革实验研究（1985—1990年），全面提高小学生素质综合改革实验研究（1990—1994年），“小主人教育”整体改革实验研究（1994—1999年），小学生主体性教育实验研究（1999—2005年），开放式教育理念及开放式学校构建的研究（2001—2005年），综合实践活动课程与小学生自己概念形成的实验研究（2001—2005年），校本课程开发的理论与实践研究（2006—2010年），个性化教学的理论与实践研究（2010—2014年），等等。从2014年起，学校开始进行率性教育的理论与实践研究。

学校20世纪80年代以来进行的课题研究，因应了学校“解放儿童”的教育主旨，研究是“为了儿童发展，促进学校变革”。这些研究使得学校在不同的历史时期，不断地吸纳新的教育思想，更新教育观念，在“为了儿童发展”这个不变的目标指引下，与时俱进地“促进学校变革”。因此，正在进行的率性教育的研究，是对已有研究的继承与发展。而且，学校的教育研究一直本着“边研究、边实践、边探索、边反思”的行动研究策略。近70年的研究历程锻炼了高水平的研究与实践团队，保障了学校有充分的研究能力，能以学校教师团队为研究主体，构建起率性教育的理论体系及实践路径。

二、率性教育的文教传统

（一）对中国传统教育的传承

谈到中国古代教育的起源及定义，学界通常会追溯到“教”字的起源和“教育”所包含的文化内涵。我们试图从文字和文化两个角度剖析中国古代传统教育的本质与灵魂，借鉴其教育思想、教育理论以及教育方法，为对其进行创造性改造和时代性应用找寻实践的路径。

1. 从“教”字看传统教育的缘起

中国古代的“教育”二字演变至今，含义不是一成不变的，不同的历史时期有着不同的内涵。从现有文献来看，“教”字在甲骨文和金文文献中就已使用。在《说文解字》中，许慎对“教”的解释是：“敎，上所施，下所效也。从支𡥈。凡教之属皆从敎。𢽈，古文敎；𤕝，亦古文敎。”①从字源来看，《说文解字》中指出：“𡥈，放也。从子。爻声。”段玉裁在《说文解字注》中指出：“放仿古通用。……训放者，谓随之依之也。令人则专用仿矣。”②“𡥈”并不是一个单纯的形声字，“爻”在表示其字音的同时也暗示了它的语源。“𡥈”与“爻”语意相通，甲骨文中“教”的异体字写作“𢼂”可以为证。段玉裁在《说文解字注》中云：“教字，学字皆以𡥈会意。教者，与人以可放也。学者，放而像之也。”③《广雅·释诂》中说：“教，效也。”从古人对“教”的释义来看，教育和效仿有着密切的关系，而效仿应该也是教育的最初形态，每个人在学习各种知识技能的初始阶段不可避免地借助于模仿，可以说，古代的教育即是从无意识模仿及自觉效仿的基础上发展起来的。

教育在一定意义上是伴随养育而衍生的社会现象，人的社会性必然是依赖于后天的教育而形成的，这本身也说明了古人把教育对象理解为“人”，把教育过程理解为“模仿、效仿”的科学性。模仿性、效仿性、过程性，是“教”的原初本意，它折射出教育对于社会、对于人类自身的重要意义。

2.“教育”在中国文化语境中的含义

“教”的字形演变折射了从甲骨文诞生到汉代的中国教育传统，也反

---

① 许慎．说文解字注［M］．段玉裁，注．上海：上海古籍出版社，1981：127.

② 同①743.

③ 同②.

映了我们对中国教育历史和哲学的认知。自有“教”之始，教育就同文字、文明、文化紧密相连。

“教”常被定义为“督促之教”，认为教育带有极强的他律性和督促性，但是这样的理解存在着极大的偏颇。在先秦时期有关教育的经典中，无论是《周易》（匪我求童蒙，童蒙求我），《老子》（不言之教），《论语》（子以四教：文、行、忠、信），《中庸》（修道之谓教），《孟子》（教者必以正，以正不行，继之以怒），《荀子》（以善先人者谓之教），还是《学记》（建国君民，教学为先……教也者，长善而救其失者也），里面所蕴含的教育思想都与“督促之教”在意境上大相径庭。《学记》里虽然提到了夏楚二物作为警戒督促之物，但惩戒并不作为教育的主要手段。《中庸》开篇指出“修道之谓教”，这里的“教”便不仅仅有效仿之意。郑玄云：“修，治也。治而广之，人放（仿）效之，是曰教。”① 朱熹云：“修，品节之也”，“圣人因人物之所当行者而品节之，以为法于天下，则谓之教”②。修明和推广这个“道”才谓之教，教育的作用在于“率性”，即发扬内在和遵循规律，尽量把天赋和道德情感展现出来。

对“教”字以及“教育”文化的追溯，可以使我们回归教育的本质看教育，为学校的理念找准源头。率性教育之中的“率性”来源于儒家思想。对中国传统教育文化的追溯，不仅为学校教育理念的提出提供了思想的启示和借鉴，同时还为教育教学的实践提供了具体有效的方法。

（二）来自当代教育学家思想的启示

陈元晖、贾馥茗、史宁中等当代教育学家的思想，为学校率性教育提供了精神层面的给养。

1. 关注对儒家教育思想的挖掘

陈元晖作为见证中国现当代教育实践史的教育学家、哲学家、心理学

① 孔颖达．礼记正义［M］．郑玄，注．上海：上海古籍出版社，2008：1987.
② 朱熹．四书章句集注［M］．北京：中华书局，1983：17.

家，他明确了教育学是“使人聪明之学”，强调要“善于总结自己的优秀遗产”，并主张建设中国的“新教育学”。他认为《礼记》《论语》《孟子》《荀子》是中国教育思想的源头，他对儒家典籍中“教学相长”“预时孙摩”“道而弗牵、强而弗抑、开而弗达”等教学思想进行了详细的注解和解读。他提出研究教育问题一定要在面向未来、关注科技的同时，对古代文化进行借鉴和研究，因为中国传统儒家宝贵的教育思想与其丰富的教育实践密不可分，对于解决当前教育所面临的问题具有广泛的指导性。

贾馥茗是台湾教育学界公认的泰斗，她基于西方学习的经历，感受中国教育思想的独特性，认为中国有丰富的理论资源，如在《尚书》《诗经》《周易》中就存在极其丰富的教育思想。贾馥茗认为中国的学者对中国的文化知之少，用之则更少。她主张从中国文化出发，关注中国本土的教育资源，主张用中国的理论解决中国的问题，构建中国的教育理论体系，增强文化自信。

史宁中是东北师范大学原校长、当代著名的教育家。他认为孔子对中国的影响从春秋时期一直持续至今，以孔子思想为代表的儒学堪称东方伦理道德的典范。纵观古代先贤圣人的私学特征，学校要立足教育本质、趋势，关注教育发展规律，探寻儿童发展规律，从科学的视野及哲学的角度进行教学改革的深化和教学质量的提升。①

三位教育学家都指出，当代的中国教育要善于总结中国的优秀遗产，关注儒家教育思想在当代教育实践中的转化和创新。秉承在借鉴的过程中不能只有批判而没有继承，也不能只有继承而没有批判的思想，我们力求构建兼具中国传统教育思想和时代气息的，具有操作性、可行性的，符合东北师范大学附属小学特色的教育理念。

2. 关注《中庸》中的率性修道

陈元晖认为中国最早的教育哲学著作应为《中庸》。《中庸》开篇的三句话“天命之谓性，率性之谓道，修道之谓教”，凝练地表达了中国人

① 史宁中．关于教育的哲学［J］．教育研究，1998（10）：9-13，44.

关于天命、人性、教育关系的看法。

贾馥茗从中国教育思想出发，提出了“率性修道”的教育思想。她从《中庸》的“天命之谓性，率性之谓道，修道之谓教”中悟出教育的中心原则是“教人成人”，提出教育应该遵循“率人性—修人道—修己成人”的规律①。贾馥茗依据中国儒家思想，深入到传统文化中探寻“为什么要教”的本质问题，认为教育必须以“引导学习者成人”为第一要务，以“发展人性、培养人格、改善人生”为目的。

两位教育家共同关注的《中庸》，为学校提供了理解学校教育所承载的使命与责任，思考教育的本质和灵魂，剖析当今教育的问题与弊端，挖掘自身的优势与经验的哲学视角。借助《中庸》所提及的天命、人性、教育三者之间的关系，学校将教育、儿童、学校、社会之间的关系进行了重新梳理和定位，进而提出了率性教育理念。

（三）源自《中庸》教育哲学思想的启示

《中庸》开篇的三句话将天命、人性、教育之间的关系进行了凝练的概括：“天命之谓性，率性之谓道，修道之谓教”，这是率性教育理念的直接来源。通过对“率性”历史合法性的进一步挖掘，学校重新诠释、建构了学校内共享的文化—认知观念，为学校改革发展注入新的活力。

1.“天命”“率性”“修道”的文教传统

从人性论的角度来思考教育问题，是我国古代思想家探讨教育问题的共同特征。重新审视古典教育命题的内在理路可发现，中国古代教育著述中散布着形式多样的“天命论”和“人性说”。大体而言，西周之节性、孔子之习性、子思之率性、孟子之养性、告子之生性、庄子之返性、荀子之化性等，这些均是论证“人何以受教”的思想原点和无法回避的逻辑前提。其中，相传为子思所作的《中庸》被宋儒称为“群经之

① 贾馥茗．教育的本质：什么是真正的教育［M］．北京：北京联合出版公司，2016：75-111.

统会枢要”，其所扼要阐发的“率性”教育观念对后世影响颇大。《中庸》开篇仅寥寥数语，但围绕“性、道、教”的注解、考证、义疏和章句却构成了一个庞大的解释链条。从先秦儒家的以“情”言性，到汉儒的以“气禀”论性，加以宋学之中心概念“理”之架构，最后建立起一套完整的“理气心性论”，至此，“性、道、教”的逻辑论证体系逐步变得复杂和丰满起来。

《中庸》开篇云：“天命之谓性，率性之谓道，修道之谓教。”这一定言命令式的语句十分简练地判明了“天命”“率性”“修道”的文化内涵，且并未再做具体的逻辑论证，而是以“不证自明”的公理方式指明了命、性、道、教之间的内在关系。朱熹《中庸章句》中云：“其书始言一理，中散为万事，末复合为一理。”① 朱熹所谓“一理”，正是指“天命之谓性，率性之谓道，修道之谓教”。“性—道—教”框架构成了儒家教化思想得以确立的思维范式，是后世儒家论证“人何以要接受教育”以及“如何进行教育”等问题的逻辑前提所在。

“天命之谓性。”先秦儒家十分重视“情”，以“情”释“性”。人的本性是由天命所赋予的，天性深藏于内，感于“物”的激发而外化为各种各样的“情”。正所谓“性之与情，犹波之与水。静时是水，动则是波，静时是性，动则是情”②。《礼记》中曰：“人生而静，天之性也；感于物而动，性之欲也。”③ 这一看法在后世出土的《郭店楚简・性自命出》中也得到了印证：“性自命出，命自天降。道始于情，情生于性。”及至汉儒，益之以“天地生物禀性说”，即以阴阳五行感生及禀气之清浊不同，来通论“性与天道”。至此，先秦儒家“以情释性”的解释传统被汉代“气禀论”取代，“天命”与“人性（情）”的“静动关系”也被抽象为更高层次、包含宇宙论色彩的“授受关系”。汉代以“气禀”论性的思维模式一经形成，对后世儒家的“性命论”体系影响颇深。宋儒承接汉说认

① 朱熹．四书章句集注［M］．北京：中华书局，1983：17.

② 孔颖达．礼记正义［M］．郑玄，注．上海：上海古籍出版社，2008：1988.

③ 孙希旦．礼记集解［M］．北京：中华书局，1989：984.

为“性即理也”。朱熹《中庸章句》中云：“命，犹令也。性，即理也。天以阴阳五行化生万物，气以成形，而理亦赋焉，犹命令也。于是人物之生，因各得其所赋之理，以为健顺五常之德，所谓性也。”① 大体来看，汉儒与宋儒对“天命、人性”的注解在基本架构和形式上是相同的：汉儒的“气禀论”认为人之本性得自天命，但禀气有清浊差异，故而后天的“循性修教”是达成天命的关键；宋儒承接阴阳五行之感生及气禀清浊说，并把它化入独倡的理气论架构中，建立了一套独特的道德形而上学体系。但二者都追求“天性本然”之路。

“率性之谓道。”郑玄注曰：“率，循也。循性行之之谓道。”② 朱熹承接汉儒注解，将“率”同样解释为“循也”。《中庸章句》云：“率，循也。道，犹路也。人物各循其性之自然，则其日用事物之间，莫不各有当行之路，是则所谓道也。”③ 对于“率性”二字的释义，郑玄与朱熹的注解在内在理路上是相通的，都主张“循其性之自然”。但这一解释却为“修道之谓教”带来了理解上的困难。如果人性得自天命，循性行之即为道，则性、道为一。如果天命不可违，则性、道亦不可违。那么，为何还要修道？“修道之教”的立论根据又是什么呢？朱熹的《中庸章句》解释道：“修，品节之也。性道虽同，而气禀或异，故不能无过不及之差，圣人因人物之所当行者而品节之，以为法于天下，则谓之教，若礼、乐、刑、政之属是也。”④

通观先秦、汉、宋儒家的解释链条，我们不难发现，对《中庸》“性—道—教”逻辑的阐释无法回避如下三个问题。其一，人性从何而来？或者说，如何看待人的天性？郑玄引《孝经》曰：“性者，生之质。命，人所禀受度也。”孔颖达进一步注解道：“天本无体，亦无言语之命，但人感自然而生，有贤愚吉凶，若天之付命遣使之然，故云‘天命’。……是

① 朱熹．四书章句集注［M］．北京：中华书局，1983：17.
② 孔颖达．礼记正义［M］．郑玄，注．上海：上海古籍出版社，2008：1987.
③ 同①.
④ 同①.

天性自然，故云‘之谓性’。”① 由于“天性自然”“天道自然”，因此，“顺”“循”“保护”人的天性就十分重要。其二，人的天性在“人情”“气禀”上有何差异？或者说，如何看待人在个性上的差异？汉儒在解释“率性”之道时认为，“性”有上智下愚之异。“但感五行，在人为五常，得其清气，备者则为圣人，得其浊气，简者则为愚人。”② 故此，性有移与不移之品阶，则不移之性，可存而启发；可移之性，可治而矫正。因此，汉儒论性，性的静面为天性，动面为人情（欲），个性的差异正是由于人情感物不同而产生的，故“率性”教育在面对不同个性时要遵循不同人情之差异。其三，人性以何而成？人的天性与后天教化之间有何联系？或者说，如何看待人的后天社会性的养成？朱熹在注解“修道之谓教”时，将“修”解释为“品节之”，就是用一定的手段调整、约束人的天性。其内在根据是，人之本性虽“受”自天命，但“气禀或异”，不能得其全真，先天之性、所得之气多有欠缺，不能自发地及于无过、无不及的境界。也就是说，先天之性绝非现成具足之“性”，须待后天养育教导方可大成。因此，只有通过后天教化和社会性的培育，才能使人终达天性本然之路。

2. “性—道—教”传统的创造性转化

为了应对新的挑战，传统必然要历经不断的变化以及创新。通过向过去溯源而将新出现的情况纳入连续的文化之中，常用的手法之一就是重新诠释传统。但是，观念的诠释只有与历史和现实的具体环境相一致，才能获得广泛的认可。《中庸》关于“性—道—教”的论证体系尽管成为一项久远的文教传统，其对“天性”、“气禀”（个性）、“修道”（社会性的养成）的阐释也处处闪现着与现代教育学相互嫁接的可能，但一种文教传统若要在现代语境中成为一项人们广泛接受的观念，还须历经话语方式的转变和观念的再创造。

《中庸》关于“天性”“气禀”“修道”论证体系的核心体现在“率

---

① 孔颖达．礼记正义［M］．郑玄，注．上海：上海古籍出版社，2008：1988.

② 同①1989.

性”二字上，2014 年，东北师范大学附属小学将其创造性地转化为“保护天性、尊重个性、培养社会性”。这一转化并不是对“天命与天性”“气禀与个性”“修道与社会性养成”等传统与现代对应概念的简单置换，而是深入“命—性—道—教”的原初内涵，突出强调珍视童年期来自天然造化的生物性力量。率性教育是遵循儿童身心发展的自然趋势、规律和特点去促进儿童发展的教育，是根据儿童的天性、个性，找到适合他们的“当行之道”，使其很好地实现社会化的教育。

三、儿童意蕴的省思

教育的对象是人，对人的根本性质的认识是教育理论与实践创生的最重要的参照点。基于对人性的不同认识，形成了不同的世界观。奥古斯丁（Aurelius Augustinus）眼中的儿童只是“撒旦的肢体”，他们迷恋现世享乐，是罪恶的渊薮，这决定了其倡导“服从”“贞洁”等教育信条的合理性；卢梭“出自造物主之手的东西，都是好的”的判断，显示了他对人性美好的憧憬，他抨击对儿童的棍棒教育、冷酷手段，倡导“回到自然”。从人类社会发展的总体走向来看，当前越发显现出努力尝试把教育事业建立在运用理智、科学对人的研究的基础上。对人更加科学、客观的认识和把握，已经成为撬动教育改革的阿基米德点，是发展一切教育事业、致力于教育改革牢固而不可动摇的中心。即使是最极端的怀疑论思想家、教育家也从不否认对人（儿童）的准确认识之于教育改革的必要性。率性教育就是立足于最基本的对人性的形而上学思考，充实经验科学的成果，从而提出的更为符合儿童身心发展规律的教育理论。

（一）儿童的天性

人（儿童）与一般生物的基因编码系统在开放程度上存在很大差异。人的基因编码绝大部分是未特化的、开放的，只有很少量的部分是特异的、封闭的。特异性编码可以遗传，基因的未特化、开放的部分则要通过与环境的互动完成编码，这种编码不能遗传。所以，人需要在整个儿童期学习、锤炼自己的本能，发展完善自己的未特化部分，实现自己潜在的天赋资源利用。“人类应该将其人性之全部自然禀赋，通过自己的努力逐步从自身中发挥出来。”① 人是唯一必须受教育的造化之物。

从脑科学来看，人脑结构所具有的超强可塑性与人的基因编码未特化特点是相匹配的。脑本身无论从功能上还是从本质上来说，与生俱来地具有可塑性，脑能根据环境刺激产生改变。这种可塑性特点正好配合了人的非特化、开放的部分与环境后天互动编码的需要。具体来说，脑的突触联结有多种方式。在脑加工和整合信息的过程中，可能产生一部分突触（突触发生）、消除部分突触（修剪突触）、改变突触的连接效力。学习和记忆过程中形成的“记忆痕迹”正是这些塑造作用的结果。因此，可塑性是脑的固有属性，也是学习的必要条件。它在人的一生当中始终存在。②

很少量的、特异的、封闭的部分，加上人的未特化的、开放的部分，构成了人（儿童）的生物性基础。少量的、特异的、封闭的部分对位于人类共同的先天禀赋，即天性，具有人类的共同特点，较为稳定、确定；而大量的、未特化的、开放的部分则指向后天的环境互动与信息编码需求，指向每个个体的个性塑造，不稳定、不确定、随机性较强。就人的特异性编码部分来说，虽然与开放性编码部分相比非常脆弱，主要靠与后天的环境互动最终完成编码，但这并不意味着人的先天禀赋比一般动物在量上少、在质上差③。依据生物学以及神经教育学对人的观察研究，想象、好奇心、好动、爱游戏、爱学习等都是人的共同天性④。

人类的天性的组成成分复杂，关于天性的成分构成至今莫衷一是。社

① 康德．论教育学（附系科之争）［M］．上海：上海人民出版社，2005：3.

② 经济合作与发展组织．理解脑：新的学习科学的诞生［M］．周加仙，等译．北京：教育科学出版社，2014：27.

③ 刘晓东．儿童精神哲学［M］．南京：南京师范大学出版社，1999：1-3.

④ 天性的内核是人的本性。但是社会生物学家威尔逊从另一个层面定义了天性。他认为一个人在决策过程中表现的特点使他和其他人有了区别。但是，要遵循的规则严格，使得所有人做出的决策有广泛的重叠，而由此产生的趋同性就叫“人的天性”。这是一种从外在定义天性的思路。

会生物学家威尔逊（Edward O. Wilson）认为，攻击性、利他主义、性、宗教是人类天性中的四大冲动；社会心理学家梅杜加尔（William MeDeu-gall）认为，人类有逃避、好奇、好斗、生殖驱力、合群、获取的天性；地理学家克鲁特泡金则用种种事实证明人的互助的社会本能的存在；教育学家夸美纽斯认为人身上天生具有智慧、德行、虔信的种子；卢梭认为人类天性中具有自由意志、理性、良心三种成分；福禄贝尔认为儿童具有活动、认识、艺术、宗教四大本能；杜威提出儿童有制作、探究、交际、表现等方面的本能。

与动物的天性相比，人类（儿童）独特的天性中与学校教育关联性较强的主要有以下几个方面。想象是人的天性之一。就想象力而言，动物是无法与人相比的。如达尔文所说："想象力是人的最高的特权之一。通过这一个心理才能，他可以把过去的一切印象、一些意识连结在一起，而无需乎意志居间作主，即这种连结的过程是独立于意志之外的，而一经连接就可以产生种种绚丽而新奇的结果。"[①] 游戏是人的天性之一。新近的神经教育学研究表明，游戏是人的天性，好奇是知识的来源。朝向注意、随意注意无不由此发展而来。比如说，我们"如此沉迷于 Loot 和想尽办法获得更好更帅的装备。其原因在于每个人脑袋里都有的多巴胺能神经元（dopamine neurons）和在漫长人类进化过程中产生的应激机制"[②]。至少从进化论角度来说，寻找快乐的天性并不是一件坏东西。

如此，保护儿童的天性、尊重儿童的个性，在小学阶段就显得尤其重要。6—12 岁的儿童正处于人的天性发展及个性意蕴不断增殖、扩展的形塑时期。压制了想象力等特异性编码部分的发展，阻碍抑或是标准化了人的非特异性编码部分的发展，都是对人类本性的反叛与异化。脑科学、生物学、神经教育学的研究提示我们，小学教育要更多地关注儿童的生物性基础，认识其根基地位。

---

① 达尔文．人类的由来［M］．潘光旦，胡寿文，译．北京：商务印书馆，1983：111-112.

② 胡剑锋，王堂生，严秀娟．脑修成路：神经教育学研究进展［M］．北京：人民邮电出版社，2014：142.

小学教育要重视儿童的生物性根基，又不能屈从于生物性原则。因为在人的基因的特异性部分中，除了好动、好问等天性之外，也包括社会性。生物学家达尔文、社会生物学家威尔逊等注意到了人身上的社会性。威尔逊研究了社会性动物的遗传特征，寻找到了包括人类在内的社会性动物所具有的集体生活、利他互惠、舍己为群等行为的生物学根源。达尔文认为："人是一种社会性动物。——谁都会承认人是一个社会性的生物。"① 人类是高度社会性动物，依靠群体分工合作而生存，依靠集体力量求安全，依赖社会培育后代。一个孤立的人几乎不可能生存。② 马克思一再强调："人的本质不是单个人所固有的抽象物，在其现实性上，它是一切社会关系的总和。"③ 人只有在介入、习得所处社会文化圈的文化基因后，才算是完整的人。

（二）儿童的差异

人是自我规定的超生命存在。与动物相比，人类成员之间的差异性要远远大于共同性。巨大的差异性存在，使得抽象的人变得更加生动具体，以至于人可以达到"自我规定"。

人的生命与动物的生命在意义上完全不同。人把生命变成了"自我规定"的自由存在，使生命摆脱了自然的绝对控制和主宰，成为了一种"自我规定的超生命存在"④。人把自己的生命从环境的支配下解放出来，成了支配自己生命活动的主宰。

1. 脑的可塑性为人的"自由的自我规定"提供了生理基础

脑无论从功能上还是从本质上来说，与生俱来地具有可塑性，脑能根据环境刺激产生改变。具体来说，脑的突触联结有多种方式。在脑加工和

---

① 达尔文．人类的由来［M］．潘光旦，胡寿文，译．北京：商务印书馆，1983：163.

② 宋健．人性·兽性：科考人本［M］．北京：人民出版社，2015：90.

③ 马克思恩格斯文集：第一卷［M］．中共中央马克思恩格斯列宁斯大林著作编译局，编译．北京：人民出版社，2009：505.

④ 高清海，胡海波，贺来．人的"类生命"与"类哲学"：走向未来的当代哲学精神［M］．长春：吉林人民出版社，1998：34-37.

整合信息的过程中，可能产生部分突触（突触发生）、消除部分突触（修剪突触）、改变突触的连接效力。学习和记忆过程中形成的“记忆痕迹”正是这些塑造作用的结果。因此，可塑性是脑的固有属性，也是学习的必要条件。它在人的一生当中始终存在。① 脑所具有的这种固有属性，使人不断走在自我塑造的路上。

2. 人是“非特定性的存在”为人的“自由的自我规定”提供了现实可能

动物是特定化的生物，动物的器官适合于特定的生活条件。动物的种与动物的个体生命是一体存在的，动物个体获得了生命，也就获得了种的全部规定。动物既没有非种性的个性生活，也不具有超个体的种生活。动物种内不同个体之间只有大小、强弱的区别，没有彼此独立的个性区别。人类恰恰相反，是非特定化的存在，可以大大扩展生命的意蕴。这种非特定化是指“他在本能方面也是贫乏的：自然没有规定他应做什么和不应做什么。因此，他也没有——例如——特殊的生育季节”②。人是一种开放的、未完成的存在物。“他不会停留于某种已经变成的东西上；人并没有一种绝对标准的所谓人的存在状况和绝对标准的所谓人的规定性。人的未完成，蕴含着可塑性和创造性，因而他总是处在不断的自我塑造和自我创造之中。人通过自己的活动，不断生产和创造属于自己的新的世界，从而也不断塑造自己的新的形象，不断创造自己的新的存在状况和新的规定性。这是一个没有止境的人的进化发展过程。因此，人对自我的内向认识也是没有止境的。这种认识不会停留在某种绝对完美的终极标准上，它总是适应人的不停顿的自我实现、自我创造的需要，并随着人的新的形象、新的存在状况和新的规定性的产生而不断发生的。”③ 人永远自组织地走在不断塑造自我的路上，如同舍勒所一贯声称的：“人的定位只在一个动姿性的 X 上，在一个未知数（零）上，乃是因为，人虽为肉身存在，却

① 经济合作与发展组织．理解脑：新的学习科学的诞生［M］．周加仙，等译．北京：教育科学出版社，2014：27.

② 兰德曼．哲学人类学［M］．张乐天，译．上海：上海译文出版社，1988：172.

③ 夏甄陶．人是什么［M］．北京：商务印书馆，2000：9.

绝不屈从于生物性原则……人的位置就在于没有定位和趋向于定位之中——X，这个趋向于定位的X有（犹）如一条生命力的洪流由下而上奔涌，把生命强力奉献给精神价值，使天生无力的精神价值充溢着生命。”①

3. 人的“自由的自我规定”不是个体的抽象的统一，而是以个体的个性差异为内涵

人作为一种自然性的存在物，具有“种”生命，而作为一种适应性的、非特定化的、开放的、未完成的存在，同时又具有“类”生命，是一种双重生命的存在。“类”的概念在于它不是个体的抽象的统一性质，而是以个体的个性差异为内涵的。②

基于以上三个方面的判断，我们认为，儿童是具有独立个性的具体化的个体，而非单纯的抽象的人的个体。儿童的个性是由个性生理因素、个性心理因素、个性社会因素三个子系统构成的。个性生理因素子系统，即单个个体与生俱来的生理解剖特点，后天环境中逐渐形成的体力、精力、体质、体能（耐力、爆发力、平衡度、柔韧性等）、神经系统活动类型，以及年龄、性别、相貌、人种等特点的总和。个性心理因素子系统，即单个个体所具有的意识特征、需要、动机、兴趣、理想、信念、世界观、气质、性格、能力等方面特点的总和。个性社会因素子系统，即单个个体所具有的社会角色、道德水平、知识结构、人际交往等因素的总和。

总而言之，脑的可塑性为人的“自由的自我规定”提供了生理基础，人是“非特定性的存在”为人的“自由的自我规定”提供了现实可能，而在现实中人的“自由的自我规定”不是个体的抽象的统一性质，而是以个体的个性差异为内涵的。这就先天地决定了，尤其是从人的生物基础方面决定了单个人、具体人的命运都是“个性化”的、具体化的，因此，在教育中必须考虑每个具体的儿童的个性特点、个性差异。不考虑儿童个性差异、特点的教育，不尊重儿童个性差异、特点的教育，注定了是划一性

① 舍勒．人在宇宙中的地位［M］．贵阳：贵州人民出版社，1989：9.

② 高清海，胡海波，贺来．人的“类生命”与“类哲学”：走向未来的当代哲学精神［M］．长春：吉林人民出版社，1998：37.

的教育、“一刀切”的教育，是违背儿童的身心发展规律的教育。

（三）儿童的成长

1. 出自自然之手的儿童是“有力量”的个体

儿童是哲学家。好问与探究是儿童之天性，也是智慧之源。儿童经常提出成人哲学家思考的问题，儿童有自己的哲学。如一些儿童提出这样的问题：什么是政治？为什么有男和女？为什么有贫穷和富裕？为什么1+1=2？……儿童的好问与探究是创造教育的起点。

儿童是艺术家。所有的儿童都有一种愿意用画笔通过涂鸦的方式表达对世界理解的愿望。每一个儿童都是艺术家，儿童喜欢涂涂画画。即使在穷乡僻壤，没有纸、笔、颜料的儿童，也会用一粒石子、一块砖头或一段树枝，在墙壁、路面、沙滩上绘出自己心中的欢乐、忧伤。儿童的游戏活动也是儿童对世界的理解、认知和表达。

儿童是梦想家。童年是想象力发展的黄金时期，想象力是创造之基。梦想，给了儿童无限的想象空间。梦想把无人性的世界变成人的世界，是对现实世界的同化；梦想是意识与集体无意识的对话；梦想使儿童进入一个比现实世界更有诗意也更为宏大的世界。儿童生活在梦想的世界，浸润在梦想的世界。儿童是诗人、艺术家，他们诗意地栖息在大地之上。梦想给了儿童诗意，也给了他们自由。

儿童有他们自己的智慧、思想、精神世界、主体能量，成人需要抛弃优越感，谦虚地面对儿童。成人不能简单化地把儿童当成知识的仓库或一张白纸，不能简单化地把教育理解成将知识“搬入仓库”“画上白纸”，成人需要利用好儿童各个方面的能量。

2. 儿童教育要遵循自然适应性原则

对于儿童初始性状的内在发育来讲，早期教育既不能超前，也不能落后，只能在维果茨基所提倡的最近发展区上支持、促进儿童发展。自然适应性原则极力反对鼓吹早期智力开发、超前教育的倾向，反对早期教育与儿童初始性状的内在发展程序相冲突的倾向。

3. 早期教育要注重过程教育、基本思维能力教育

当代是知识爆炸的时代，知识的包袱已经显得越发沉重。因此，相对于知识的教育而言，智慧的教育更为根本。智慧“不是实体，智慧体现在过程之中。在本质上，智慧并不表现在经验的结果上，也不表现在思考的结果上，而表现在经验的过程，表现在思考的过程”①。智慧的教育其根本不在于教给学生多少知识，而在于给予学生基本思维能力。除却生活习惯和价值判断的教育之外，在早期教育中要特别关注培养学生的想象能力与抽象能力。因为想象能力、抽象能力是人与动物在思维方面最为根本的区别。

儿童成长的规律，为率性教育奠定了基本规范，即在儿童教育领域，作为成人的教师需要抛弃优越感，认识到儿童身体中所蕴含的能量，根据儿童的自然适应性原则，不逾越儿童身心发展的阶段，破坏儿童成长的规律，重视教育的过程，重视儿童基本思维能力的培养。这些都是率性教育在理念及实践层面重点强调的核心内容。

四、当前学校教育存在的突出问题

当前学校教育中存在的突出问题归根结底是片面追求完美主义、功利主义，主张教育中的“一刀切”。这些思想观念导致当前学校教育忽视了儿童作为教育对象的成长发展规律以及内在的需求，导致对儿童天性、个性的戕害。

（一）完美主义与“学校工厂”

完美主义是指学校或教师对学生的要求具有完美主义倾向，如对学生苛求完美，不允许出错；对标准答案有特殊偏好；片面追求高分，对学生发展目标的设计过于高、大、全；用“完人”的标准要求并衡量所有学

① 史宁中．关于教育的哲学［J］．教育研究，1998（10）：9-13，44.

生；等等。在这样的环境中，学校趋同于工厂，把学生看成被加工、生产、投入市场的商品，用造物的方式批量育人。

1. 填鸭式的教育过程

填鸭式的教育过程是灌入、填入、注入的过程，即把儿童的大脑当成了储存器，盲目地、强迫地把现成的知识（结论）一股脑儿灌输给儿童。如在教学过程中，采取满堂灌的方式，教师只告诉学生结论是什么，要求学生掌握细、密的知识点，而不考虑学生是否能真正理解、消化、吸收，不给予学生回味思考的空间及问“为什么”的时间。如果把教育过程比作教师和学生来回击球的过程，填鸭式的教育则仅仅是教师抛球、学生接球的过程。一堂课下来，几乎都是教师提出问题，学生进行解答，教师给出最终结论。在这种模式下，学生就如同一个只会装、吞的机器，学习知识并非出于内在需要，往往靠死记硬背。长期处于这种被动的状态，学生的自主学习能力将慢慢丢失，学习的积极主动性渐渐丧失，学习的兴趣逐步消失。

2. 成品化的教育目标

“成品化”的比喻把学校视为一个大型的加工厂，教师被认为是手握图纸的工程师，学生则被当作等待加工的物品。教育的最终目标就是把学生培养成所谓合格的、供大众选择的、待出售的商品。在大工业时代，受当时旧的教育体制要求，应时而生了许多墨守成规的“合格员工”。这些“合格员工”每天需要做的就是按照固定操作流程完成生产指标，达到业绩要求。

时代在变，教育也在不断改变。改变就意味着要去除糟粕，改变就需要创新人才，而不是千篇一律、没有个性、随时都能被其他人替代的“合格员工”。教育的本质是育人，而不仅仅是为了培养能就业工作的人。教育的主体是人，人跟商品不能等同，所以不能按照某种意愿强制地把学生塑造、加工成商品或者艺术品；不能只关注外在的价值，而无视学生内在的需要，只看到当下的需求，而忽视了对未来人才的培养。

3. 零容忍的师生关系

零容忍的师生关系最直接的表现就是教师用高标准代替一般标准，对学生的轻微过失、过错，采取批评、处罚等负强化的手段或措施。究其原因，首先是教师自身角色定位失误，认为自己是看管者。好的教师应是引领学生发展的帮扶者、指导者，是学生成长路上的奠基人、火炬手、铺路石，而不应以一种强硬、控制的姿态站在学生面前。

另外，教师的儿童观出现偏差也容易造成教师要求失当。儿童是未完成的个体，具有发展性，儿童犯错本就是儿童认识世界、了解世界的必经途径。错误是儿童成长的动力之源。教育就是要让儿童成为儿童，教师不应该剥夺儿童犯错的权利。事实证明，错误的角色定位和观念势必导致师生关系紧张，教师不了解学生，学生惧怕教师。这种不平等的地位、不尊重的态度将对教育教学效果产生消极影响，也会给儿童的自尊心和自信心带来打击。

（二）功利主义与速成教育

“教育既要使人获得关于生产的经验让人学会生存（知识与技能），同样要使人获得生活的经验（道德与伦理），让人学会做人。”① 但现实的教育往往带有速成倾向，谋求多出人才、快出人才，片面追求知识技能而忽视人的情感、态度、道德、人性，具有极强的功利主义色彩。

1. 结果替代过程的教育

目前，基础教育阶段的一个突出问题是不注重过程，只看重结果，即片面地认为教育目的就是使学生掌握知识，忽视儿童发展的过程性和阶段性，用结果评价儿童发展。如为了应对考试、取得高分，一些学校以“应试”为中心，与考试有关的内容反复讲、重点讲，与考试无关的内容就省略不讲，学生围着分数转，成绩的好坏成了评价一切的唯一标准。

教育的价值蕴含在教育过程中，这个过程是依循规律的过程，是等待

① 于伟．“率性教育”：建构与探索［J］．教育研究，2017（5）：23-32.

儿童发展的过程，是儿童综合素养培育的过程。关注教育的过程其本质就是关注儿童的成长。为了追求结果而忽略过程的教育是异化的教育，儿童在这种教育过程中没有探索、思考、发现的经历，是得不到情感体验和道德发展的。

2. 重视短期发展而忽视长远发展

功利主义教育还表现在重视短期发展而忽视长远发展，即忽视了儿童长远的、可持续的发展，用短期目标预测发展。比如，现在一些学校和家庭陷入一个误区：学习是评价儿童的唯一标准或首要标准。这其实忽视了一点，那就是每个儿童发展的差别既表现在发展阶段上又表现在发展速度上。许多儿童可能在现阶段没有掌握或习得某一知识，但这不代表他们就是傻的、笨的，更不能表示他们以后不会有好的前途。短期看成绩，长期看格局。教育不能只注重眼前成绩，还需培养学生的知情意行，教育的最终目的是培养学生具备适应终身发展和社会需要的品格和能力，即在今日的生活中为学生明日的生活做准备。

（三）“一刀切”与“整齐划一”

传统的教学片面追求同步性，对处在不同年龄阶段、个性差异鲜明的学生，用统一内容、统一要求、统一时间、统一模式、统一手段进行单一、固化的教学。这样“一刀切”“整齐划一”的做法，没有从儿童身心发展规律出发，没有把儿童放在主体地位，忽视了儿童的发展具有阶段性特点，是不尊重儿童个性差异的表现。

1. 教育方法简单化

教育方法是教育的客观规律和原则的反映和具体体现。“一刀切”在教育方法上最直接的表现就是简单化，即教师从主观意愿出发，把学生看成客体，不考虑学生个体的实际需要，采取单一的方法进行知识传授，而不是在学生已有经验的基础上启发学生思考，帮助学生自己发现和获取知识。比如，教师为了完成教学目标、赶上教学进度、节省教学时间，往往把规律或者结论直接告诉学生，然后让学生根据规律或结论进行反复操练。这样教师省时省力，但儿童却苦累不堪，更谈不上会产生兴趣。教育方法应该是多种多样、丰富多彩的，不应局限为简单化、单一化的知识传授及训练。教师应突出学生的主体地位，根据学生特点和不同情况采取不同的教育方法，充分发挥学生的主动性和积极性，让学生从被动的学转向自主的学，实现乐学、善学。

2. 教育过程机械化

"整齐划一"在教育过程中表现为机械化，即追求统一，用程序性的、机械的、刚性的规则制度要求所有学生都整齐一律。在一些小学或幼儿园，往往会看到这样一种现象：教师要求学生在教室里坐得齐，回答问题手要举得齐（如规定必须举右手），就连走路时也像军队训练一样要求走整齐。总之，认为齐比不齐好。这样的要求对于小学低年级和幼儿园儿童来说过于严苛。"'齐步走''整齐划一'虽然符合我国传统的审美观，但是如果带入小学低年级的学校教育中就变成了对天性的摧残，是小学教育中应该摒弃的做法。"①

3. 教育结果均质化

"一刀切"对教育结果最直接的影响就是均质化，即关注学生的整体状态、平均水平和一般情况，而不重视那些有特殊创造力或不同表现的学生个体的想法及行为。每一个个体的智能都各具特点，有的个体在某一方面处于优势地位，但在另一方面却处于弱势地位。就像有的学生语言学习比较容易，却在艺术上缺乏想象；有的学生在艺术上有独特的想法，却对语言学习比较吃力，所以不能用统一的规格、模式来培养学生。尊重学生的个性发展其实就是尊重差异化的发展。教育应该以每一个学生为出发点，设法为每个学生找到最适合的发展道路，促进他们都得到最好的发展。

梳理反思当前教育存在的问题，最终的目的在于重建新的学校观、教

① 于伟．教育就是要保护天性、尊重个性、培养社会性［J］．中国教育学刊，2017（3）：79-82.

育观和儿童观。人的发展是有规律的，儿童有它的特殊性、独特价值。儿童是未完成的个体，具有发展性，这就决定了教育的阶段性、过程性。儿童作为独立的个体，具有个性差异，教育就是在尊重差异的基础上，找到一条最适切的道路促进儿童差异化的发展。学校教育工作者应摒弃“完美主义”，防止“一刀切”，要重视有过程的教育，避免“功利主义”。换句话说，就是要站在儿童的角度看问题，让儿童成为儿童；就是要保护儿童愿意自主探究、活泼好动的自然属性，因材施教、量体裁衣，让儿童的差别显现出来，让儿童在获得知识技能的基础上，形成正确的人生观和价值观，成为未来合格的公民。

（执笔人：于伟、王艳玲、王俊杰、黄蓉、刘丹、马薇然）

第二章　率性教育的理论体系

一、率性教育的内涵

率性教育追求“天地位、万物育、一切安所遂生”的“顺其自然、因其固有、淬琢同时”的教育，反对无视儿童发展规律、逾越规律、破坏规律，想当然地办教育。率性教育倡导顺童年之美、应童年之美，给予儿童真正的童年。如果儿童面临过度束缚，则要解放儿童。

（一）保护天性①

保护天性，即遵循儿童“性之自然趋势”，保护儿童愿意探究、愿意想象、好问、好动、爱学习、喜创造的天性。卢梭认为，人的天性善良无邪，他把率性成长和“归于自然”视为天经地义②。实际上，天性只是人类发展的潜能，它在合适的环境中，可以向善的方向发展而成为善。康德同意卢梭的看法，认为儿童先天地具有“向善发展的确实性向”，尊重儿

① “天性”（human nature），即人的先天本性。“天”是指先天具有的，通过遗传获得的各种生理性状，而“性”是指事物的状态、特点或性质。天性，就如同夸美纽斯所说的“自然法则”“种子”，裴斯泰洛齐的“自然天性”，福禄贝尔的“神秘本能”，蒙台梭利的“内在教师”，杜威的“本能”等概念。

② 我国著名的教育史专家滕大春先生在《卢梭教育思想述评》中多次指出卢梭的天性至善和“归于自然”的理论，以及“率性发展”的思想。滕先生所谓的“率性”，在内涵上亦暗合了《中庸》所倡导的“率性”理念。（参见：滕大春．卢梭教育思想述评［M］．北京：人民教育出版社，1984：33-39．）

童天性乃是康德的信念。保护天性在小学低年级和幼儿园时期尤显重要。忽视对天性的保护，就会影响儿童的率真与创造。率性教育倡导保护人天性中积极、具有正向价值的方面，尽量抑制、克服或转化天性中消极、具有负向价值的方面。

第一，强调保护儿童好奇、好问、愿意探究的天性。所有的儿童都有好奇心，他们总是向大人提出各种各样的问题，这是人的本能。儿童的好奇、好问、好探究是为了了解周边世界、探索未知，是为了更好地生存。

第二，注重保护儿童好动的天性。陈鹤琴认为，“儿童生来好动的”，是“以游戏为生活的”①。喜欢游戏、活泼好动是儿童的天性，因此，“我辈从事教育者，便应当顺应或利用儿童这种固有的自动力”②。

第三，保护儿童爱学习、爱创造的天性。儿童失去学习兴趣，是后天人为导致的。人类对自然的探索、对真理的追求是出于本能。出自自然之手的儿童都是爱学习、爱创造的，因为学习是为了求生，创造是为了更好地生存。人生来就有学习生存本领的欲望，并且也有改变生存条件的欲望，有创造的欲望。因此，我们应当把“保持并放大孩子学习和创造的天性”③ 作为教育的原则。

（二）尊重个性

世界上不存在两片完全相同的树叶，同样不存在两个完全相同的人。人的自我规定与塑造，使得“我异故我在”的个性存在成为人的一种客观现实以及未来发展的必然走向。率性教育倡导尊重人的个性化的存在，要求因其固有、循序渐进、量体裁衣地帮助每一个儿童找到自己的位置，要求在保护儿童共同天性的基础上，让儿童的差别充分显现出来。

第一，强调在课程开发与教学中尊重经验差异。在为学生准备课程内

---

① 陈鹤琴 . 陈鹤琴全集：第一卷［M］. 北京市教育科学研究所，编 . 南京：江苏教育出版社，1989：213，231.

② 王鸿霖 . 动的教学法之尝试［M］. 北平：北师附小，1936：5.

③ 史宁中 . 数学的抽象［J］. 东北师大学报（哲学社会科学版），2008（5）：169-181.

容、开发课程资源时，要充分考虑学生的个性差异；在各学科教学中，要充分尊重学生学习类型差异、进度差异、方式差异、起点差异、速度差异，尤其是因为不同的社会因素积累所形成的经验差异。

第二，注重在学校教育活动中发现差异。在小学阶段，低、中、高三个年段儿童的成熟度各有不同；学生的生理基础如体力、精力，心理素质如兴趣、需要、意志品质等，都各有不同。学校在组织教育活动（班级管理、体育节、科技节、校节、社团活动等）时应尽可能地发现差异、利用差异，遵循规律发展学生。

尊重个性也要防止走向个人主义。率性教育强调教育者在进行教育实践时，要对不同教育对象所具有的各种个性差异具有包容之心，但也不能凡事以教育对象的个性意志为中心。把握好尊重个性的尺度，是率性教育的实践者必须进行的专业修炼。

（三）培养社会性

在人的社会性养成方面，中国传统儒家教育始终围绕教人“怎么做人”，即为人之道来进行。现代人社会性的培育既需要汲取传统文化资源的养分，促进国民的文化认同，也需要正视中国传统儒家教育在现代公民意识培养、国民精神养成方面具有不可避免的历史局限性。因此，率性教育所内蕴的培养社会性，主要在于通过知识技能习得、行为规范养成以及价值观念形成等途径，培养学生自主精神、合作态度、规则意识和责任观念，为学生未来成为合格公民奠定价值基础。也只有通过社会性的培养，才能使儿童从自然自由顺利过渡到道德自由，进而真正获得作为一个公民的政治自由。

第一，儿童自主精神的培养。社会的健康状态不仅取决于组成它的个人的独立性，也同样取决于个人之间的密切结合。个人只有能独立思考，才能为社会创造新价值。“要是没有能独立思考和独立判断的有创造能力的个人，社会的向上发展就不可想象，正象要是没有供给养料的社会土壤，人的个性的发展也是不可想象的一样。”①

第二，儿童合作精神的培养。人类社会与其他动物群体的一个重要区别是，人与人之间可以通过运用个人理性而达成某种形式的合作。可能在其他生物种群中也存在合作行为，但是在大规模的群体中与陌生人可以展开合作的物种只有人类。人与人之间的合作，是人类文明社会的基础②，是人类社会得以稳定、可持续存在的基础。因此，率性教育强调通过课堂教学、课外教育活动等多种渠道与途径，发展、培养儿童的合作精神。

第三，儿童规则意识的培养。规则，既包括成文的制度、章程（法律、制度），也包括未成文的习俗、习惯、传统。规则是人类社会文明的产物，人类充分发挥自己的主观能动性、创造性，不断创造、总结、确立了各种规则，规则的存在使得人类社会可以良性发展、合理有序。率性教育强调在小学阶段对儿童的规则意识、人类基础性的社会品质进行培养，以期为法治社会的守法公民培养播下“种子”。

第四，儿童责任观念的培养。在人类社会中，人与人的人际依存、社会依存，导致了责任的产生，责任是特定社会对个人思想、行为的规定性。在康德及其追随者看来，责任是一切道德价值的源泉。所谓道德教育，就是要把纯粹道德的动机带进人们的内心，而这种纯粹道德的动机就被称作责任（义务）。个人通过与群体、社会及生态环境的互动内化或生成这种规定性，并最终体现于自身的思想和行为实践中。因此，有必要在小学阶段培养儿童的责任观念。

综上所述，率性教育更加注重人的天赋、天性、生物性根基对于儿童成长的重要作用。儿童的发展具有阶段性、规律性和不可逆性特点，因而需要更加重视儿童生物性基础、天赋、天性，提供与之顺应的教育，而不能肆意地超越。当然，保护天性、尊重个性、培养社会性三者之间需保持

① 爱因斯坦．爱因斯坦文集：第三卷［M］．北京：商务印书馆，1979：39.

② 阿克塞尔罗德．合作的复杂性：基于参与者竞争与合作的模型［M］．上海：上海人民出版社，2017：16.

有机的统一与平衡，失去了对天性的保护，就难以发展儿童的创造性；疏于对个性的尊重，则会使儿童失去自我；过分追求对社会性的培养，则会造成对人的压抑。天性、个性是人的发展起点，融入社会、发展好人的社会性才是归宿。三者的培养，不可偏废。

二、率性教育的学校图景

学校的理念是其教育教学行动的灵魂，是教育教学实践的精神引领，是学校发展的内在力量。要发挥教育理念的引领作用，必须将其转化为具体的学校图景，包括行动愿景、行动路径、行动保障等。先进的、清晰的行动愿景，具体可行的行动路径，以及强有力的保障措施将共同促成成功的学校变革（图 2-1）。

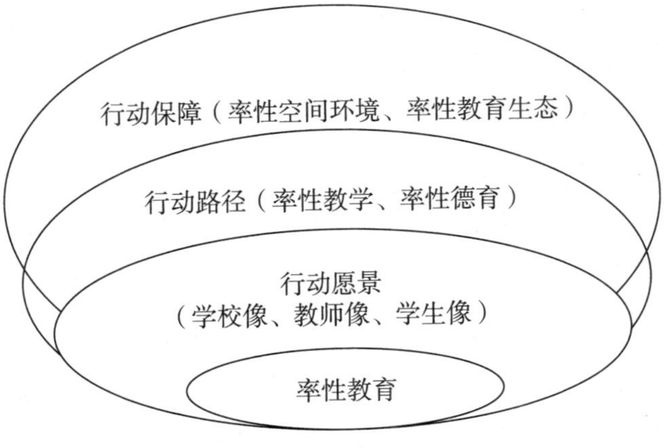

图 2-1　率性教育的学校图景

（一）行动愿景

在学校率性教育的研究中，我们逐渐清晰了学校发展的设想和规划。率性教育理念下的学校样态、教师形象和学生面貌都是什么？如何将抽象的率性教育理念以看得见、摸得着、鲜活的形象勾勒出来？我们认为，“像”能最好地体现学校精神，能将学校的愿景以具体化、形象化的方式表现出来。由此，我们确立了学校像、教师像和学生像。

1. 学校像：率性教育的价值体现

学校的理念是学校办学的灵魂，是学校发展的内在动力。一所学校的样态，是学校教育理念的价值体现。学校像是基于率性学校的愿景以及对“儿童是科学家”“儿童是哲学家”“儿童是艺术家”“儿童是梦想家”的多学科研判而确立的。我们认为率性的学校是有利于学生发展的场所，是尊重学生自身成长规律的空间。

（1）儿童喜欢的“慢步调自由空间”

儿童从很小的时候就愿意琢磨一些事情，有着与科学家一样的思考、钻研、创造，并在不断的假设猜想中寻求解决问题的办法。儿童的这种智慧产生于婴儿期早期。儿童有自己的节奏，有对一件事情的执着思考，并在这样的思考和探索中，不断发展生活的智慧。率性的学校，能够让儿童慢下来集中精力去思考、去探索，有一整天、一周乃至更长时间的沉思体验。因此，率性的学校是能够让儿童有沉思空间、探索环境和自由研究时空的地方，是儿童喜欢的“慢步调自由空间”。

（2）儿童兴趣发展的“沃土”

兴趣是儿童学习的最好的老师。儿童喜欢涂涂画画，用画笔通过涂鸦的方式舒畅地表达自己对世界的理解是儿童本能的愿望。儿童也喜欢游戏，他们通过游戏认识世界、理解世界，并在游戏中满足自己的需求、丰富和完善自己的能力，不断成熟和发展。因此，率性学校是充满涂鸦、童趣和游戏精神的地方，是儿童兴趣发展的“沃土”。

（3）儿童体验探究的“智慧之家”

好问与探究是儿童之天性，也是智慧之源。儿童的好问与探究是创造教育的起点。要鼓励儿童大胆地问、大胆地想，培养、激发和保护他们发现问题、提出问题、愿意动手动脑的意识。对于儿童来说，好奇与好问是自主学习发生的起点，是持续学习、持久思考的内在动力。因此，率性学校是能保护好儿童提问与探究欲望的地方，是儿童可以体验探究的“智慧之家”。

（4）儿童想象力、创造力发展的“梦工厂”

童年是想象力发展的黄金时期，想象力是创造之基。儿童能够不受约定俗成的条框规则的限制，天马行空、自由自在、不着边际地展开想象。梦想，是儿童的权利，是儿童的能力，更是儿童的价值所在。他们在梦想与现实中不断建立连接，不断成就他们自身的成长。因此，率性学校是支持儿童发现梦想、拥有梦想的地方，是促进儿童想象力、创造力发展的“梦工厂”。

2. 教师像：率性学校的教师定位

教师是培养人才的人才，是教育事业的第一资源，是学校发展的第一要素，是学校内涵发展、可持续发展的核心竞争力。一所学校的理念能不能弘扬，能不能转换，能不能切实指导学校教育教学，能不能真正在学校落地生根、开花结果，关键在教师。那么，率性学校的教师如何定位？结合学校近70年教师精神文化的传承和对率性教师的思考，我们树立了东北师范大学附属小学的“四有”教师像。

（1）有情怀

教师要有情怀。第一，要有志业之思。对教育事业充满热忱，立志以教书育人为己任，有为民族振兴和国家发展贡献自身力量的大格局，有当教育家的大情怀，也有基于教学改革大背景、将个人追求和学校教育理念的践行结合起来的大智慧。第二，要有高尚的道德情操。吸收传统文化的精华，用本土化的精神，不断提升自身道德素养、人文素养。焕发人格魅力，用自身的人格力量去感染、影响和教育身边的学生。第三，要有仁爱之心。热爱学生，善待家长和同事，用真、善、美影响学生，用理智的爱带动和促进学生发展。

（2）有功夫

教师要有功夫。一要深入了解学科知识，不仅要知其然，更要知其所以然。要有深厚的基础，不满足于对表层知识的记忆，要对知识在学科中的地位、提出的背景、研究的进程等不断追本溯源、寻根问底。二要有过硬的教学基本功，能够灵活运用适当的教育方式和方法，利用课上、课中、课下等时空，掌握学生的学习状态、学习结果，做到心中有学生，指导有实效，学生有发展。三要有匠人精神，要不断拓宽知识领域，建立各学科知识之间的联系，关注教育教学改革动态，丰富教育教学底蕴，不断改善和优化教育教学方式和方法，做精心教书、潜心育人的典范。

（3）有风格

教师要有风格。教师不仅要完成教学的基本过程，更要走出一条属于自己的道路。教育教学是艺术，知识传承、师生交流、课堂氛围都要充满艺术的韵味，要让自己的教育教学充满艺术感；教育教学是创造，同一个内容，因为师生的准备不同而时刻有着创造的空间，教师要用创造之心给自己和学生新体验、新期待；教育教学也是有个人特色的，教师要将个人教育思想、教育艺术和个性特点等有机结合，形成稳定的个人教育风格。

（4）有研究

教师要有研究。研究是我校的立校之本，更是学校教师的发展之基。我校研究氛围浓厚，在多年的改革发展中，一直非常重视研究在教师发展中的作用，强调让学习和研究变成教师自我发展的内在需要。时至今日，“有研究”已经成为我校教师的一个标志。有研究，即要有科学探索的精神，敢于质疑，善于挑战，不断超越自我；要有善于突破常规经验束缚的思维，用研究的视角在一线教育教学实践中捕捉研究的契机并开展行动；要有科学的方法，经过不断深入的理论学习，基于实践，开展小、微、原生态的研究，不断反哺教育教学，实现自我专业成长。

3. 学生像：率性学校的育人目标

培养什么样的学生是一切教育改革的出发点和归宿。面向未来，学校要培养怎样的人？在我校近 70 年的教育实验和改革历程中，最突出的特点就在于我们的行动都是基于儿童的立场。率性教育源于儿童，基于儿童，为了儿童。换言之，就是从儿童视角出发，重视儿童的身心发展需要，重视儿童的价值与潜能，以儿童的学习和成长为取向，致力于让儿童成为儿童，让儿童以自身的节奏和步骤，逐渐实现他们的率性成长。这不但是为基础教育阶段培养未来的人探寻一条新的实践道路，更是为培养未来的合格公民所开展的有意义的探索。基于对率性教育理念的思考和我校育人目标的定位，我们确定了具有学校特色的学生像。

（1）阳光自信

阳光自信是东北师范大学附属小学的学生多年来积淀下来的显著特质。在率性教育的理念下，学校活动的组织均以自主探究为原则，为不同个性特长的学生搭建不同的平台，充分尊重学生的个性发展，使其对自己有明确的认知，坚定“我能行”的自我信念，不论遇到问题还是困难，都能态度积极、努力上进、乐观应对，形成阳光自信的个性品质。

（2）好问多思

好问多思的育人目标是基于保护儿童天性的视角提出的。我校的学生思维灵活敏捷，思路开阔，愿意思考，接受新知识快。东北师范大学原校长史宁中教授曾对我校的教育教学提出期望，要求“重视沉思的教育”。因此，学校布置了开放的学习和生活环境，设置了大量符合儿童水平的开放性活动和任务，建构了和谐民主的师生关系，保护、激发儿童好奇、好问、好探究的天性，给儿童独立思考的时间，鼓励和支持儿童进行深入和广泛的思考，培养儿童好问多思的学习品质。

（3）手脑相长

我校注重儿童经验的积累，教育教学活动的设计都是基于儿童已有经验，强调通过动手操作、社会实践、自主游戏、反思自省等方式，使儿童在已有经验基础上不断发展，形成新的经验。在充分保护儿童好动、爱玩、喜欢游戏的天性过程中，发展儿童善于学习、乐于学习的天性。通过具有实践性、操作性、创造性、反思性的动手活动，促进儿童手脑协调发展，使儿童形成既能“学以致思”，更能“学以致用”的手脑相长的学习能力和健康生活技能。

（4）友善乐群

友善乐群品质的培养体现了率性教育对儿童社会性培养的关注。率性教育既重视儿童自主精神，又注重儿童合作能力的培养。在小组学习、实践性学习以及班级和学校活动中，学生礼貌待人、亲和沟通、善于合作、乐于交往、乐于助人，愿意与同学共同游戏玩耍，形成了友善乐群的品质。

（5）敢于担当

敢于担当精神的缺失是全民性的问题，也是我校一直关注并寻求突破的地方。敢于担当品质的培养是儿童社会性培养的重中之重。率性教育关注儿童规则意识和责任观念的培养，积极弥补儿童在家庭和社会中担当机会缺失的不足，利用公益体验活动、社会实践活动、班集体活动、学科课堂教学等多种渠道，提高学生面对困难、接受挫折的勇气，提高学生迎接挑战、承担责任的能力，培养其敢担当、愿担当和能担当的责任担当意识和能力。

（二）行动路径

改革创新是时代发展的不竭动力，更是教育发展的永恒主题。东北师范大学附属小学一直走在教育改革的前沿，有着创造性地适应新事物的基因。学校在规划愿景的同时，也在思考如何让率性教育理念扎实落地，切实指导教育教学，使率性教育理念落实在培养人的实际行动中。通过梳理学校已有的优势和率性教育的内涵，学校研究确立了率性教育的行动路径，即以率性教学、率性德育为主线，统整学校教育教学活动，全面开展率性教育实践探索，使率性教育在东北师范大学附属小学这片沃土上生根发芽（图 2–2）。

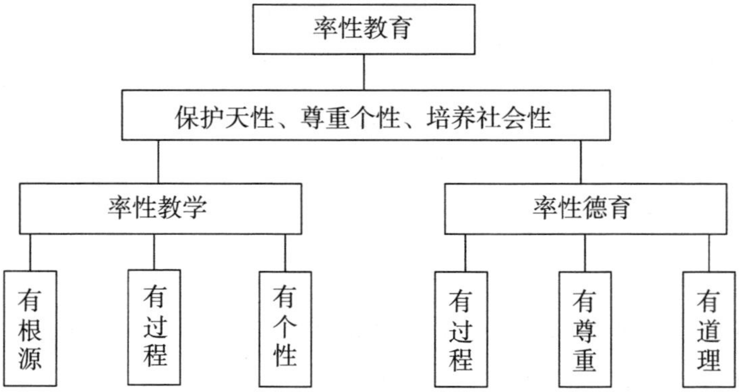

图 2–2　率性教育行动路径框架

1. 实施有根源、有过程、有个性的率性教学

（1）有根源

“有根源”关注的是教学的规律、儿童的学习规律，要求教师寻根问底，遵循规律。有根源的教学是指要挖掘本源，让教学有据可依。在教学内容上，要注重挖掘知识的来龙去脉，追溯知识的本源；在教学对象上，要依循儿童学习的规律和特点；在教学方法上，要准确把握“教”的规律，采用恰当的方式、方法。只有深谙知识的来龙去脉、准确了解学生的准备状态、深入把握教学本质规律，教师的教学才能做到高屋建瓴、游刃有余。

（2）有过程

“有过程”关注的是学生学习的过程性，是指教学应体现学生的学习和成长过程。有过程的教学，要引导学生对知识产生的环境、原初状态进行还原，经历人类知识再发现的过程。同时，归纳是从个别到一般的过程，人类认识世界的过程就是从个别到一般的过程，归纳的过程与儿童认识世界的过程具有天然的相似性。因此，有过程的教学要重视归纳，注重从个别出发，从经验出发。

（3）有个性

“有个性”关注的是学生的学习差异性。有个性的教学是指在教学过程中根据学生学习起点、学习速度、学习兴趣、学习适应性等方面的差异设计教学，让不同的学生在同一个课堂中得到富有个性的、多元的成长和发展。这样的教学，是允许学生出错、充分等待学生的教学；是满足学生不同需求、支持学生获得个性化发展的教学；是尊重学生个性，不搞“一刀切”、不追求完美的教学。

2. 探索有过程、有尊重、有道理的率性德育

（1）有过程

“有过程”关注的是道德形成的过程。有过程的德育就是重视学生认知、情感、意志和行为协调统一的德育。德育工作事无巨细，在我校更是如此。德育就是要注重细节，关注设计，做到全员参与，让学生在实践、

体验、反思过程中，在教师的不断引导下，逐渐习得和形成道德认识，深化道德情感，锻炼道德意志，形成道德行为。

（2）有尊重

“有尊重”关注的是学生的心理发展特点。有尊重的德育就是要尊重学生，将学生作为一个发展中的人来看待。教师心里有学生，在教育中就会尊重学生的人格，就会以激励的方式调动儿童自主发展的动力，激发他们想做好人的愿望。同时，教师要尊重教育规律，尊重儿童品德的形成规律，包容儿童的错误，宽容儿童的不足，不断鼓励儿童发展。此外，要关注儿童的差异，如家庭背景、教养环境、生理性别等，给予儿童希望和机会，陪伴和等待儿童成长。这既是东北师范大学“尊重的教育”理念的要求，也是我校多年来德育的特色。

（3）有道理

“有道理”的核心是以理服人，是指让学生自觉践行做人的道理和做事的道理。育德，要形成自觉，就离不开民主协商、交流对话。有道理的德育，不是单纯地命令学生，不是简单地要求学生怎么做，而是要让学生明白为什么这么做，以唤起学生的行动自觉。因此，要注重把接地气的、学生能接受的道理，融入具体情境和活动中，让学生自己悟出道理，这样，学生在遇事时才能够正确判断和思考，继而形成行动自觉。

（三）学校变革行动的保障

1. 现代化、开放的空间环境

率性教育实施对空间环境最核心的要求就是开放，给予儿童更多的自由空间①。学校所拥有的国内一流的现代化的教育环境和教育建筑，尤其是一体化、开放化的走廊空间与普通教室，专业教室内包括移动桌椅、小组合作学习桌椅在内的便捷式学习环境布置，图书馆、各学科的专业教室、移动数字教室、养殖区、展览区域等可移动的、数字化的、多样化的

① 于伟．“率性教育”：建构与探索［J］．教育研究，2017（5）：23-32.

教学资源环境，为率性教育实施提供了便利条件。

2. 研究性、实验性的教育生态

作为师范大学的附属学校，东北师范大学附属小学从它诞生之日起，就肩负着教育研究与实验的历史使命。过去近 70 载，研究、实验已然融入这所学校的血液。学校在管理方面，注重人本，尊重个性，关注差异，形成民主、开放、和谐、向上的氛围。在教师培养方面，实施名师工程、教师个人研究基金项目等培养机制，鼓励教师大胆探索，认真钻研，求实创新，不断挑战自我、发展自我和完善自我，不断向教育家型教师迈进。在率性教育理论与实践研究方面，依托学科委员会等组织，构建教师研究共同体，破解教育教学改革难题，推进率性教育研究的进程；建立研究发表会制度，以学科委员会为主体，每年一次，在区域、全省乃至全国进行率性教育的阶段性研究成果展示；创设文化宣传渠道，以公开出版物——校刊《率性教育研究》为平台，及时收录和发表学校率性教育研究的阶段性成果，公开出版"'率性教育'研究"丛书，系统整理率性教育研究成果。通过这些途径，为研究和实验搭建推广和交流的平台，形成了小学教育原生态研究的良性环境。

（执笔人：于伟、脱中菲、卜庆刚、张晓春、张艳红、郝瑞）

第二部分

率性教学的实践探索

第三章　率性教学的基本内涵

一、率性教学的提出

率性教育强调遵循儿童身心发展规律和特点去促进儿童的发展，强调保护天性、尊重个性、培养社会性。率性教育的办学理念转化为办学行为的两个基本途径是教育活动和课堂教学。从课堂教学的维度来看，东北师范大学附属小学已经通过学校课程开发基本构建了相对完善的集国家课程、地方课程、校本课程于一体，学科课程、活动课程相互补充的课程体系，通过个性化教学的单元开发基本实现了学科教学单元的优化，创新了课堂教学的面貌。

伴随学校改革发展进入新常态，我们需要在新的历史时间节点重新梳理、反思当前学校教育和课堂教学中存在的问题，立足于国内教育的共性问题、学校自身发展的特殊情况，立足于课堂教学的本质、儿童发展的需要，立足于学校已有的实践成果、改革创新的生长点等，明晰率性教学的关键词。

（一）对当前教学突出问题的反思

当前教育教学中的一个突出问题是缺乏“过程”，具有极强的“结果导向”。这种结果导向一方面导致“速成的教育”，即忽视儿童发展的过程性和阶段性，用结果评价发展；另一方面导致“功利的教育”，即忽视儿童长远的、可持续的发展，用短期目标预测发展。事实上，无论是“速成的教育”还是“功利的教育”，其间也必然是有过程的，但是这个过程高度压缩，不仅无视儿童的成长规律，更是对儿童天性的戕害。因此，我们提出教育需要经历过程，教育是依循规律的过程，是等待儿童的过程，是允许出错的过程，是综合素养培育的过程。当前教育教学中的另一个突出问题是普遍重视从一般到个别的推理教学，缺少从个别到一般的归纳教学。人类认识世界的过程就是从个别到一般的过程，科学的诞生也大多经历了从个别到一般的过程。可以说，归纳的过程与儿童认识世界的过程具有天然的相似性。从个别到一般的认识过程孕育着发现、探究等多种思维的过程，对于培养儿童的创造性，保护儿童的好奇心，激发儿童的想象力具有重要的意义和价值。我们的教学应该让儿童更多地经历从个别到一般的归纳学习过程，只有这样，才能让儿童成为学习的主人。

（二）对知识先验性的反思

在课堂教学的情境下，教学内容的本质就是知识。从知识的产生、发展过程来看，知识诞生于人类的生产、生活实践，是人类经验不断积累的结果。知识经过挑选、组合、编排进入课堂，成为课堂教学中的要素之一，即教学内容。教学内容是师生之间产生教育关系的重要媒介，对于教师、学生具有两种不同的属性。对于教师而言，由于先于学生掌握了知识，教师容易成为知识的所有者，进而在教学行为上表现出一种霸权主义。而对于学习者而言，学习内容是先于经验的、事先规定的、预设的、他者的。我们不能低估学生掌握这样一种先于经验、脱离具体情境、经过多次抽象概括之后的知识的难度，更不能想当然地认为仅仅通过短时间内教师的教就能让学生完全掌握、理解知识。在课堂教学的过程中，要努力还原知识产生、发展的情境；在可能的情况下，要让学生经历知识、概念、原理产生的过程，让这种先验的知识转化为一种学生可经验、可发现、可探究的知识。这样的课堂教学才是真正体现了知识本质的教学，是真正具有学科品性的教学，是培养学习能力和思维品质的教学。

（三）对学校个性化教学的传承

东北师范大学附属小学已有的校本课程开发、个性化教学单元的行动研究，体现了我国第八次课程改革的理念，引领了当前课堂教学改革的趋势，特别是基于个性差异的教学行动研究，更是中国经典教育思想——因材施教在当代教育实践中的落地生根，是率性教育理念中“尊重个性”的题中之义。基于儿童个性差异设计教学，有效地解决了当前教学中苛求儿童的完美主义和“一刀切”问题，是对儿童最大的尊重和保护，也将成为未来课堂教学走向持续创新的生长点。

东北师范大学附属小学十余年来对个性化教学的探索，也为率性教学研究奠定了坚实的基础。在教学研究中，教师更加关注学科品性，无论是面对工具类学科、表现类学科还是综合类学科，都能把握学科特点，落实学科核心素养。教师在教材比较研究过程中也积累了丰富的经验，能够不拘泥于一本教材，突破一节课 40 分钟的限制，从单元课程的整体出发设计教学，体现了真正意义上开放的大教学观。在扎实的教学研究中，教师对教育科学研究方法的运用也经历了一个从无到有的过程，越来越多的教师开始运用课堂观察、制订量表、学情分析等手段改进教育教学实践，教育科研促进了教师从“教书匠”到“研究型教师”的转变。

（四）培育核心素养的需要

核心素养是个人为适应自身终身发展和社会发展所必备的人格品质与关键能力。关注核心素养的培育是目前世界各国基础教育理论研究与实践变革的重大趋势。东北师范大学附属小学的课堂教学改革要回应时代关切，努力为国内课程与教学改革提供典范性的操作范例。率性教学强调从特殊到一般的归纳教学，强调有根源、有过程、有个性的教学，这和培育核心素养的要求在根本上是一致的。首先，有根源的课堂教学，注重挖掘知识的来龙去脉，追溯知识的本源，厘清知识发展的过程，让学生核心素养的形成牢牢扎根于指向学科本质的知识体系之中，让学生的核心素养不仅仅体现在基础知识的掌握和基本能力的形成上，更体现在对“为什么会是这样”“这个知识具有什么样的价值”诸如此类问题的探寻与思考之中。其次，核心素养是知识、技能、情感、态度、价值观等多方面的结合体。核心素养的培育指向过程，关注学生在培养过程中的体悟，这也与有过程的率性教学一致，两者都关注学生在探究过程中观念、方法的深化而非简单的知识、技能的习得。最后，有个性的课堂教学关注学生的学习差异，教师在课堂教学前要针对学生的学习差异开展分析和评估，准确了解每一个学生的学前准备情况。

二、率性教学的内涵

率性教学是遵循知识、经验、能力和智慧形成规律，儿童成长发展规律与阶段性特点，促进儿童在共同体中成长的教学。率性教学指向经验与知识教育，指向抽象能力、想象能力培养，指向智慧教育。率性教学有三个核心关键词：有根源、有过程、有个性。

（一）有根源

“有根源”是指要挖掘本源，让教学有据可依。其内涵包括三个方面：一是在教学设计、教学活动中注重挖掘知识的来龙去脉，追溯知识的本源，厘清知识发展的过程，即寻找知识线索上的“根”；二是要依循儿童学习的规律和特点，发现儿童学习与成长的根源，即寻找教学对象上的“根”；三是要把握“教”的规律，了解不同教学方法、教学模式、教学组织形式的本质和特征，为教学寻找本源上的依据，即寻找教学方法上的“根”。

（二）有过程

“有过程”是指教学应体现学生的学习和成长过程。其内涵包括四个方面：一是对知识产生的环境、原初状态进行还原，经历人类知识再发现的过程；二是经历从个别到一般的过程，重视归纳，从个别出发，从经验出发；三是经历探究、发现、合情合理推测、建构的过程，提供时间、环境的保障，培养学生构想的意识、实证（推理）的能力；四是经历沉思、自省的过程，让学习成为知识习得、能力培养、情感丰富、价值观形成的过程。

（三）有个性

“有个性”是指要尊重学生差异，基于学生差异展开教学，不搞“一刀切”，不追求完美。学生的学习差异主要表现在学习的兴趣、学习的速度、学习的适应性、认知的类型等方面。在已有的研究与实践基础上，学校要进一步深入探索基于学生差异的多种课堂教学模式，研究如何设计适合不同学生的学习任务，开展有针对性的个别指导，等等。

有根源、有过程、有个性，其核心在于课堂教学要遵循知识发生发展的规律、遵循儿童发展的规律、遵循教学方式方法演进的规律，开展有根有据的教学，体现了率性教育理念在课堂教学中的实践转化，最终目的是实现和谐统一的育人目标，即通过率性教学实现儿童愿意学习、学会学习、学会成长。

有根源、有过程、有个性三者互为依托、互为补充、互为条件。无论是还原知识情境，还是依循个性差异设计教学，都需要在一种动态的、交往的、可持续的学习过程中进行，真正促进儿童发展的学习过程也必须是有根源、有个性的。可以说，有过程的教学为实现有根源、有个性的教学提供了时间、空间、条件、资源等过程性的保障；有根源、有个性的教学让儿童的学习过程更加充盈、丰富、真实、灵动。

（执笔人：于伟、赵艳辉、脱中菲）

第四章　有过程的归纳教学

率性教学的本质是遵循儿童身心发展规律，儿童认识世界的过程是从个别到一般的归纳过程，因此，有过程的教学是率性教学的核心。东北师范大学附属小学在以往的教学改革中，已经对有根源、有个性的教学进行了深入的研究，形成了较为丰厚的研究成果。因此，本章重点展现有过程的教学的研究，特别是以有过程的归纳教学为典型案例对其进行深入剖析。

一、有过程的归纳教学的内涵

归纳思维，是人的一种基本思维模式。“归纳思维，是人类最自然的活动之一。因为，创造有待检验的概念和假设，是我们与生俱有的一种内在能力。我们的专业工作，其实质是释放出蕴藏在我们自己以及儿童中的归纳思维的潜能。我们认为，归纳探究实际上是一种天生的、自然的学习模式，而死记硬背则是违背天性和缺乏效率的。”① 归纳思维就是从特殊的具体认识推进到一般的抽象认识的一种思维方式。

有过程的归纳教学强调“从特殊到一般”，即从个别现象出发，抽象出共性，总结出一般的结论。它强调从经验过的东西推断未曾经验过的东西，从事物的过去和现在推断事物的未来，或者从事物的现在推断事物的

① 乔伊斯，卡尔霍恩．归纳教学模式［M］．赵健，译．北京：中国轻工业出版社，2003：7.

过去。需要注意的是，这里的“归纳”并非狭隘的数学学科中的归纳推理，而是体现为一种教学设计的思想，即强调从学生个体出发、从学生已有的经验出发开展教学。

二、为什么要倡导有过程的归纳教学

（一）儿童的认识是从个别到一般、从具体到抽象的过程

人类认识世界的过程是从个别到一般的过程，科学诞生的过程也大抵如此。儿童认识世界的过程与归纳的过程有天然的相似性，所以我们的教学应该让儿童更多地经历从个别到一般的学习过程，这样才能丰富儿童的学习过程，让儿童真正成为学习的主人。

6—12 岁的儿童，其思维正处在从直观操作到具体形象思维、再到抽象逻辑思维的过渡发展阶段。“小学儿童思惟（维）的基本特点是：从以具体形象思惟（维）为主要形式逐步过渡到以抽象逻辑思惟（维）为主要形式。但这种抽象逻辑思惟（维）在很大程度上，仍然是直接与感性经验相联系的，仍然具有很大成分的具体形象性。”① 可以看出，小学阶段特别是低年级阶段的儿童所掌握的概念大部分是具体的、可以直接感知的。

陶行知倡导，教的法子要根据学的法子，学的法子要根据做的法子；事怎样做就怎样学，怎样学就怎样教。课堂教学就是要“提供能够表达抽象概念和原则的具体经验。帮助学生将具体实践经验与抽象概念联系起来。通过社会交互作用帮助学生用言语把他们的理解表达出来。设计学习实践内容，将其作为连接更高发展阶段的桥梁”②。

（二）小学阶段的学习内容具有抽象性和先验性

小学生学习的内容，看似具体，实则抽象；看似是经验，实则先验。

---

① 朱智贤．儿童心理学［M］．北京：人民教育出版社，1980：344.

② 埃根，考查克．教育心理学：课堂之窗（第 6 版）［M］．郑日昌，主译．北京：北京大学出版社，2009：53.

知识诞生于人类的生产生活实践，是人类经验不断积累的结果。知识经过挑选、组合、编排进入课堂，成为教学内容。对于小学生而言，学习内容是先于经验的、事先规定的、预设的、他者的、陌生的、抽象的、有难度的。小学生要理解、接受这类知识，需要适当的情境还原。

比如，小学语文课的阅读、写作是有难度的。语文是用抽象的词来表达具体，表达形象。语言文字难，文学难，用语言去表达世界难。小学低年级学生学习数学也是有难度的，低年级数学教学应该关注具象，放慢学习过程。给六岁的小学生讲授运算的道理，看起来非常简单，其实相当困难。因为他们的思维不能脱离操作、形象、直观，对于儿童来说，获得物理经验容易，获得抽象经验困难。我们不能低估小学生掌握先于经验、脱离具体情境、经过多次抽象概括的知识的难度，更不能认为通过短时间内教师的教就能让小学生完全掌握、理解知识。

因此，在教学中，要尽可能还原知识产生、发展的情境，让学生经历知识、概念、原理产生的过程，让先验的知识转化为学生可经验的、可体验的、可发现的、可探究的知识。

（三）对当前教学突出问题的反思

当前的教学普遍更加重视从一般到个别的演绎推理教学，缺少从个别到一般的归纳推理教学。演绎的教学长于模仿、短于创造。演绎的方法只能验证真理，而不能发现真理；运用演绎方法培养起来的演绎思维，只能进行模仿，而难以进行创造。①

演绎意味着从律令、不证自明的公理出发；归纳则意味着赋予课堂更多民主、多元的元素，让学生通过推测、探究去主动建构，充分放大个体经验，让课堂充满生命力，充满自由，充满创造力。因此，在小学阶段有必要倡导有过程的归纳教学。

---

① 史宁中．数学思想概论（第4辑）：数学中的归纳推理［M］．长春：东北师范大学出版社，2010：1-4.

三、有过程的归纳教学的三个着眼点

如何在课堂上实施有过程的归纳教学？我们可以从三个着眼点入手。

（一）情境与具象

教学始于情境，始于个体的经验。教师要有目的地对知识产生的情境、原初状态进行还原，把抽象的东西具象化地呈现出来，让学习变得更容易。当然，情境还原和具象化是教学的起点，最终的目的是使学生的思维发展到形式化、符号化、抽象化阶段。

（二）操作与体验

儿童的思考和对世界的认识离不开体验，离不开操作，离不开活动。儿童获得认识的过程是动态的而不是静态的，它一定要通过具体的操作活动，比如“摸一摸”“试一试”“探一探”来展开。儿童只有亲自体验、操作了，才更有可能理解。因此，教师要引导学生经历动脑动手的过程，这个过程是基于个人经验的亲身参与的过程，是发现、探究、建构的过程。

（三）对话与省思

有过程的归纳教学强调在共同体中学习，强调与自我、与他人、与文本的对话。与自己的对话是省思，与他人的对话是平等交流，与文本的对话是深度探究。

有过程的归纳教学的最终目的是进行抽象的思、符号的思、想象的思、推理的思、论证的思、逻辑的思、哲学的思，促进儿童思维发展。“一闪念”的思、偶发的思是起点，教师要让这种思成为一种沉思，并让儿童一直思考下去，变成有推理链、逻辑链、论证链的思，培养儿童良好的思维品质。

四、有过程的归纳教学的策略

（一）明确儿童学习的起点

有过程的归纳教学强调以学习者为中心，重视儿童学习的起点，教学活动必须建立在学生认知发展和已有的知识经验基础之上。这就要求我们的教学必须立足于学生、从学生的实际出发。

对学生的学习起点进行分析和了解，是教学设计首要思考的问题。学生的学习起点主要包括两个方面：一是学生学习的差异性，包括学习速度、学习进度、学习兴趣、学习能力等方面的差异；二是学生在学习之前所具有的知识和经验、学生的前概念等。

以三年级数学学科“面积”单元教学为例，为了更好地了解学生对“面积”概念的理解情况，学校对已经学习过“面积”概念的学生进行了调查。我们从面积概念的理解、面积概念的保留性、面积公式的应用 3 个维度，设计了具有 4 个难度等级的“面积”单元测验卷。通过对 120 名学生的抽样调查发现，学生在“面积概念的保留”“面积公式的应用”两个维度上都达到较高水平，而对“面积的理解”大部分学生只能达到中等水平。据此，教师将本单元的教学重点确定为促进学生对面积概念的理解，并重新设计整个单元。学情的分析不仅能够帮助教师明确单元教学重点，还能帮助教师了解学生的已有知识、经验基础，确定教学的起点。在语文学科六年级“制作阅读手册”大单元教学之前，教师做了一个“读书小调查”的课堂前测，了解“步入高年级，学生最喜欢读的书”以及“读书过程中遇到的最大困难”。结果显示，学生在读书过程中遇到的最大困难是“梳理不清楚书中的人物关系”。围绕这一难点，教师将单元教学的重点确定为帮助学生梳理并呈现书中的人物关系，从而让教学有的放矢。

（二）创设恰当的学习情境

归纳的过程是发现问题、解决问题的过程，所以有过程的归纳教学就必须创建适合学生发现问题、解决问题的情境。在良好的情境中，学生可以积极主动地探究、发现，自主建构学习材料的意义。

乔伊斯和卡尔霍恩贴切地指出："教学远不只是呈现知识，它包含着创设一个学习情境的含义，学生在此情境中学会怎样处理材料，从而超越给定的信息、显示出新的理解力和概括力，在这一基础上做出推断（即学会探究的程序）。学习是一个过程，不是一个结果。"① 可以说，好的学习情境，对于学生经历从个别到一般的过程具有重要意义。有过程的归纳教学在情境创设上应该凸显以下特点。

1. 趣味性

情境的创设要有利于激发学生的学习兴趣，营造良好的学习氛围，使学生能积极主动、全身心地投入学习；要让学习从兴趣出发，缩短学习目标与儿童心理之间的距离。如在教学一年级语文课《问银河》时，教师在黑板上贴出了星星状的字卡，组成了银河的形状，使学生在课前就感受到了银河的神秘和美丽，激发了浓厚的学习兴趣。数学教师在教学"分一分与除法"时，创设了多个有趣的分物游戏，学生在分糖果、分香蕉的过程中加深了对平均分的理解。

2. 还原性

有过程的归纳教学要求学习情境具有还原性，即对知识产生的情境、原初状态进行还原，让学生的学习从起点开始，感受和经历知识发生发展的过程和来龙去脉。如在社会课上体验我国古代四大发明之一的活字印刷术时，教师为学生提供"活字印刷微课"和"活字印刷体验图鉴"，让学生经历"排版—上墨—铺纸—拓印—揭纸"的过程，亲自体验活字印刷的过程，从而感受到中国古代活字印刷术发明的价值和意义。

3. 真实性

在小学阶段，教师创设的问题情境要尽量源于现实生活，这有助于培养

① 乔伊斯，卡尔霍恩．归纳教学模式［M］．赵健，译．北京：中国轻工业出版社，2003：前言 6.

学生发现问题、提出问题、解决问题的能力，有助于基于生活需要发展学生的学习经验，凸显知识的现实价值和意义。例如，在数学学科“比的认识”的教学中，教师创设了让学生动手调配相同甜度的蜂蜜水，或者将不同颜料进行混合的学习情境，从而让学生感受到“比”在生活中的应用。情境的设计增强了学习的任务感，让儿童感受到了“比”在生活中的价值和意义。

（三）提供丰富的学习素材

有过程的归纳教学要实现从众多个别的经验、个别的事物、个别的现象中归纳出具有一般意义的概念、特征、原理等的目标。因此，教师在设计学习任务时，要努力选择具有“类”特征和共同特性的多样化的学习素材。在归纳过程中，我们把呈现的或收集来的信息统称为学习素材。这些学习素材以多样的形式出现，如实物、各种形式的文学作品（诗歌、传记、戏剧等）、实验结果等。儿童天生具有将知觉到的事物进行归类的能力，能够发现各类事物之间的联系。通过对一个个素材的学习，儿童可以发现不同素材之间的相同点和不同点，进而对素材进行分类，为抽象和归纳提供经验基础。

这些学习素材，是教师在学生进行归纳学习之前早已设计与准备好的。教师需要了解、掌握素材之间的联系，并将这些素材以一定的顺序或方式呈现出来，以便学生发现素材之间的联系，归纳出共同的特征、概念或原理。在以往的教学过程中，教师仅就一个案例、一个事实、一个现象进行提炼、总结、归纳、概括，形成结论或观点，这样的学习过程由于过早抽象、概括，导致学生缺少丰富的、具体的、感性的、直观的认识，只能接受而无法消化理解。有过程的归纳教学，其目的就是要让学生通过对丰富的素材的学习积累经验，夯实学习过程：在对一个个“个别素材”的学习过程中，经历探究、发现，自主建构知识的意义。课堂上在将素材呈现出来时，由于每个学生观察素材的角度不同，教师应指明所要观察归纳的具体方面或对象，避免学生走弯路。需要强调的是，呈现给学生的素材要有内在的联系，而这种联系，恰是一节课所要归纳的核心内容。同时，这些素材也应是学生所熟知的或基本熟知的，如果素材过于陌生或难度过高，将会分散学生的注意力，影响学生归纳。

例如，在教三年级的学生理解和感悟诗歌的写作手法时，教师为学生提供了《秋天来了》《我们去听秋的声音》《海浪》《读海》四首诗作为学习素材。这四首诗均是抒发对自然景色热爱之情的儿童诗，具有鲜明的儿童诗特点。教师在课堂上同时为学生呈现这四首儿童诗，儿童在对四首诗进行品读、感受的过程中，提出了许多问题，教师于是相机引导学生在观察、分析学习素材的过程中逐步提炼出“诗是什么”与“诗有什么特点”这两个核心问题。

当然，学习素材也可以是在学习过程中即兴生成的，比如学生个体认知的建构（学生发言），学生的课堂作品，小组梳理的观点，课堂中争论的结果，等等。乔伊斯曾说：“成功的归纳和探究有两个关键点，即建立合作性的环境与鼓励理性的冲突。”① 也就是说，真正的归纳过程必须是通过师生对话、生生对话的互动生成的。如何收集、整理、呈现这些现场生成的学习素材呢？教师可以尝试运用录音笔记录学生的发言，可以借助板书呈现学生的主要观点，还可以让学生在磁力板上记录自己的观点，等等。通过这些方式呈现和记载学生的思考过程和结论，为归纳共性的观点提供依据和条件。

（四）指导学生主动开展归纳

归纳是儿童经验生长的内在需要。有过程的归纳教学不同于一般意义上的教师总结、提炼和概括，它主张培养儿童作为归纳的主体，在多个事物、现象、素材中抽象出一般特征的能力。归纳的过程是儿童观察的过程、类比的过程、发现的过程、推理的过程。教师的价值就在于为学生提供丰富多样、典型的学习素材，创设学习任务，让学生在独立学习或小组

① 乔伊斯，卡尔霍恩．归纳教学模式［M］．赵健，译．北京：中国轻工业出版社，2003：前言 6.

学习的过程中，观察、分析、发现“共性”和“一般”。教师在指导学生自主归纳的时候应该做到以下几点。

首先，教师要呈现儿童已有的学习过程和经验。归纳必须在典型的、丰富的、具有“类”特征的素材的学习基础上展开。归纳首先需要再现已有的学习过程和结果，通过观察和分析回顾收获。课堂上学生的学习卡片、实验中学生收集整理的数据、解决问题过程中的不同方法和结果等，都是学生归纳的基础。比如，在数学学科“整百数加减法口算”的教学中，教师首先利用连环画呈现“800+500”这道题的不同计算方法。连环画具有直观性特点，可以清晰地呈现每一种方法，三幅连环画即三种方法。连环画的使用，让学生能从三种不同的方法中清晰直观地归纳出三种方法的共性，即一般的算理。

其次，通过多元对话交流引导学生主动归纳。在呈现素材、比较素材的基础上，师生之间、生生之间的对话交流则促进了儿童主动归纳。教师用恰当的问题引导学生对不同素材之间的共同特点进行关注和思考。在上面的教学案例中，在学生观察完三幅连环画、回顾学习过程之后，教师适时提问：“这三幅连环画有什么共同的地方吗？”学生在问题的驱动下开展交流与对话，发现不同方法的共性和个性。在此期间，交流的方式除了合作、补充、延伸以外，还有质疑、反驳甚至推翻重建。这也是有过程的归纳教学最珍贵的部分：帮助学生进入主动思考、主动归纳的深度学习状态。在深度的对话与交流中，学生逐渐发现共性，归纳出一般，即算理。学生能够用自己的语言表达的时候，就是达到了思维上的愤悱状态，教师要适时进行点拨和总结，促进学生真正达到对知识、概念的理解。有过程的归纳教学延展、放大了学生的学习过程，改变了学生在学习过程中蜻蜓点水、浅尝辄止的表面化现象，让学习真正发生。

（执笔人：赵艳辉、周晶、脱中菲）

第五章　有过程的归纳教学举隅

学校围绕着有过程的归纳教学开展了卓有成效的实践探索，从单元整体开发和课例研究两条实践路径入手，从内容选择、单元（课时）目标确定、教学任务设计、教师指导学生开展归纳等方面对有过程的归纳教学进行了尝试与创新。

一、语文学科三年级“童话探秘”单元教学案例

（一）内容的选择及其依据

1. 内容分析

在小学低中年级的语文教材中，童话占有相当大的比例。以长春版教材为例，二年级下册童话篇目占课文总数的33%，三年级上册童话篇目占课文总数的11%。童话既具有阅读的趣味性，又具有文学艺术性，同时还能给成长中的儿童带来启发和思考。在《义务教育语文课程标准（2011年版）》附录2“关于课外读物的建议”部分，对阅读材料提出的建议是“阅读材料包括适合学生阅读的各类图书和报刊。对此提出如下建议：童话，如安徒生童话、格林童话、叶圣陶《稻草人》、张天翼《宝葫芦的秘密》等”①。童话对儿童精神成长具有重要意义和价值。周作人认为童话

① 中华人民共和国教育部．义务教育语文课程标准（2011年版）[S]．北京：北京师范大学出版社，2012：41.

有益于发展儿童的想象力和感受力："凡童话适用，以幼儿期为最，计自三岁至十岁止。其时小儿最富空想，童话内容正与相合，用以长养其想象，使即于繁复，感受之力亦渐敏疾，为后日问学之基。"①

2. 有过程的归纳教学对实现该内容教学目标的价值分析

经过一个阶段的童话阅读之后，学生积累了一定数量童话的阅读经验，也就是说，已经形成了一个关于童话的"类"。此时学生如果在活动任务的驱动下，通过观察、分析与比较、抽象与概括，尝试着归纳出童话的特点，并用自己的语言将发现表达出来，就会形成对童话的新的认识。这个不断清晰、简洁的归纳过程，可以促使学生对童话的特点认识得更深刻，从而实现儿童文学作品对于语文教学的意义和功能："一是借由对作品的深入探讨，使学生领会作品背后所包含的社会、文化及人生的意涵；一是借由对作品表现形式的掌握，进而发现作品的叙写艺术。"② 也就是说，学生在归纳的过程中，能够发现并较系统地整理和组织童话故事的要素，比如角色、情节、主题等，这对于学生进一步理解童话是非常有效的。事实上，角色、情节、场景和主题这些构成童话的要素，也是学生喜欢探讨的主要部分。

（二）学情调研与分析

针对三年级上学期学生的特点，我们通过问卷和访谈的形式对学生进行了调研，希望通过调研了解学生在课内外阅读童话的数量、对阅读童话感兴趣的程度、喜欢阅读童话的原因、阅读童话的过程中遇到的困难。

1. 学生阅读童话的兴趣浓厚

我们针对学生喜欢阅读童话的程度，对 5 个班 212 名学生进行了调查，其中"非常喜欢"的有 164 人，占总数的 77.4%；"比较喜欢"的有 47 人，占总数的 22.2%；"一般"的有 0 人；"不喜欢"的有 1 人。

---

① 周作人．周作人论儿童文学［M］．北京：海豚出版社，2012：28.

② 赵镜中．提升阅读力的教与学：赵镜中先生语文教学论集［M］．台北：万卷楼图书股份有限公司，2011：112.

2. 学生已经积累了一定数量、不同类型的童话阅读经验

我们对学生课外阅读童话的数量进行了调查。以一个班为例，阅读最多的为 67 篇，最少的为 8 篇，全班 36 人共阅读童话 889 篇，人均阅读 24. 7 篇。学生阅读的童话涵盖中外民间童话和创作童话，其中拟人体童话居多，超人体童话和常人体童话数量其次。学生阅读童话的数量可以说明，学生已经形成一个童话的“类”，这为“童话探秘”单元的学习提供了丰富的背景知识，新的学习将在这个“类”的基础上进行。

3. 学生对童话的特点已有初步的认识

在调查问卷中，我们请学生写下喜欢童话的原因。学生的回答丰富多样，不拘一格：“有一些童话很富有想象力”，“童话很有趣”，“童话很暖心”，“结局都是美好的，总是让人满意地合上书”，“童话有很多拟人句和比喻句”，“童话非常生动，因为它里面的每一个人物，都会有奇迹发生”，“童话里面有道理”，“有一些童话告诉我们遇到坏人该怎么办，比如《狼和小羊》告诉我们，千万不要和坏人争论”。我们也特别关注了不喜欢童话的学生写下的原因：“童话只有五六岁的小孩喜欢看，长大了就不喜欢看了，童话的内容太容易懂了。”从学生的回答可以看出，三年级学生已经关注了童话中的角色、主题、情节、表现手法等特点，并能够综合多方面信息作为归纳推理的依据。由于童话文字材料所呈现的归纳推理过程对于 9 岁的孩子来说还具有一定的难度，教师应适当降低学习起点，以初步归纳童话样貌（特点）为切入点展开教学。

（三）学习材料的选择与任务设计

1. 教材的重组

对一篇童话进行归纳有局限性，于是我们对教材中《一张美丽的红枫叶》《沙滩上的童话》《老海龟的悲剧》这几篇童话跨越板块进行重新组合，形成“1+2+N”模式。“1”是指原有课文《一张美丽的红枫叶》，“2”是指其他板块的课文《沙滩上的童话》《老海龟的悲剧》，“N”是指学生课外阅读的童话，这使得重组的“童话探秘”大单元框架得以迅速廓

清。“童话探秘”大单元能够发挥“酵母”的作用，引导学生初步建构起自己的童话知识体系。童话的磁力也会吸引着学生一起去探究童话的母题。

2. 单元内容框架的设计

设计的单元内容框架见表 5-1。

表 5-1　“童话探秘”单元内容框架

单元具体内容	建议课时数
整体阅读《一张美丽的红枫叶》《沙滩上的童话》《老海龟的悲剧》，感受童话特点	3 课时
回顾低年级语文教材中的童话和自己阅读过的童话，完成童话探究卡片上的问题	2 课时
童话探究发表会	1 课时
童话故事创作	1 课时
童话故事创作发表会	1 课时
填写童话故事创作发表会学习感受卡片并交流	1 课时

3. 学习任务的设计

（1）读一篇童话，培养学生的感受力

2011 年版语文课程标准第一学段有关童话阅读的目标要求是：“阅读浅近的童话、寓言、故事，向往美好的情境，关心自然和生命，对感兴趣的人物和事件有自己的感受和想法，并乐于与人交流。”第二学段的具体要求是：“初步感受作品中生动的形象和优美的语言，关心作品中人物的命运和喜怒哀乐，与他人交流自己的阅读感受。”① 从这些表述可知，阅读童话的要求，对文本而言，是落在情境、形象、语言等要素上面；对阅读的主体——学生而言，是落在自我感受上面。朱自强教授从文学阅读能力的发展这一点着眼，认为“小学儿童需要发展的能力有五大项：①感受

① 中华人民共和国教育部．义务教育语文课程标准（2011 年版）[S]．北京：北京师范大学出版社，2012：8，10.

力；②想象力；③理解力；④分析能力；⑤批判能力”①。从课程标准的要求和儿童文学作家、理论家的观点可以看出，在童话教学的过程中，对学生感受力的培养是很重要的。在童话教学过程中培养和发展学生的感受力，有过程的归纳教学对我们有哪些有益的帮助呢？

在教学《一张美丽的红枫叶》这篇童话时，我们设计的主要学习活动是“朗读发表会”。采用朗读的方法，一是为了强化和延长对童话文本情感体验的过程；二是因为“向往”“关心”“感受和想法”是看不见的，但是每个学生在朗读的过程中，会用声音、表情、情绪的变化表达出对童话故事中美好情境的向往、对不同角色的关心、对生动的形象和优美的语言的欣赏。总之，朗读是感受和思考的外显。朗读的表现是具有个性差异的，在“朗读发表会”上，学生既是朗读者，又是聆听者；既是主角，又是观众。在聆听的过程中，学生获得丰富的感知经验，并对这些经验进行归纳，形成概括化的判断。自我感受是不能归纳的，但是我们可以感知和学习如何表达感受和想法。这一过程，其实是利用了儿童的归纳思维能力，因为人“天生即具有将知觉到的事物归类的驱力与能力，能够发现各类事物之间的联系”②。史宁中教授也认为，归纳在本质上是一种思想方法，这种方法表现在思维的过程之中。对这种方法的把握不是靠人们的理解而是靠人们的感悟，它是一种“意会”重于“言传”的东西。③

（2）读多篇童话，归纳童话的特点

我们以“1+2+N”的模式重新构建“童话探秘”单元。对于“2”和“N”篇童话的阅读学习，我们主要设计如下学习活动。教师先引导学生回顾“一年级和二年级都曾学过哪些童话故事”，以引导学生“退

① 朱自强．朱自强学术文集 8　小学语文儿童文学教学法［M］．南昌：二十一世纪出版社集团，2015：199.

② 乔伊斯，卡尔霍恩．归纳教学模式［M］．赵健，译．北京：中国轻工业出版社，2003：25.

③ 史宁中．数学思想概论（第 4 辑）：数学中的归纳推理［M］．长春：东北师范大学出版社，2010：1-4.

两步”再往前，弥补学生童话知识体系中断裂的部分，促进学生对童话母题的关注和理解。之后，再阅读另外两篇童话《沙滩上的童话》《老海龟的悲剧》。“1+2”部分的童话特色鲜明，是浅近的、生动的故事，适合学生阅读；与“1+2”部分相比，“N”是指学生喜爱的童话。师生互相推荐自己喜爱的童话作品，或阅读同一童话作者的不同主题作品、不同作者的相似题材童话作品。我们在学生已有知识经验和生活经验基础上进行预设，寻找到了学生阅读的兴奋点，即归纳的生发点——“这些童话有哪些相似的地方”，以此作为归纳学习任务的核心，让学生在众多童话文本中发现和探究相似的元素，进而一步一步地进行童话特点的归纳。学生先归纳出自己的观点，把童话的所有属性都罗列出来，再在小组中梳理不同看法。在有过程的归纳教学中，预设指向学习的过程，生成指向归纳的结果。课上，学生归纳出了教师都没有想到的观点，有创见并能做出合理的解说。

“在归纳过程中产生的概念与技能，是储存在学生头脑中供使用的，它们需要得到巩固与应用。”① 所以，在“童话探究发表会”之后，我们让学生尝试进行童话故事创作，学生对创作童话跃跃欲试。从个别到一般、从特殊到普遍的探索，不断丰富了有过程的归纳教学的课堂形态。

（四）归纳过程的展开

通常情况下，有过程的归纳教学存在一个隐形的粗略的理论框架，而框架的起点，是教师为学生创设一种有利于归纳探究的情境（图 5-1）。

1. *感受童话读童话*

我们让学生先自己练习朗读，并填写“《一张美丽的红枫叶》朗读发表卡”。填写“朗读发表卡”的目的是让学生进一步确认自己最

---

① 乔伊斯，卡尔霍恩．归纳教学模式［M］．赵健，译．北京：中国轻工业出版社，2003：39.

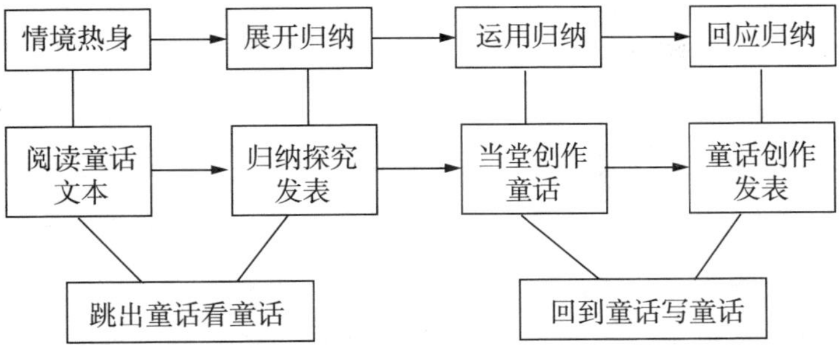

图 5–1　“童话探秘”单元有过程的归纳教学

感兴趣的段落，并将自己要表达的感受尽可能表述出来，以便在朗读后与同学互动的过程中，把未能通过朗读表达出来的感受讲述出来。

生 1：我想朗读的是第二个场景的第五到第七自然段。选择这部分朗读的原因是我觉得这一部分既好玩又有趣。因为要表达青蛙先生兴奋的心情，朗读的时候，我得把“红红的枫叶”读得稍微重一点，因为红枫叶多好看啊。“它有五个细小的手指，就像一个红润润的小巴掌”要读得慢一些，因为我得让同学仿佛看到这张红枫叶。

生 2：我想朗读的是第四个场景的第九到第十四自然段。选择这部分朗读的原因是小蜥蜴和青蛙先生的对话真有趣！因为要表达蜥蜴和青蛙先生的心情，朗读的时候，我得把“盖在你身上的那张红枫叶呢”读得快一点，而且眉头也皱起来，因为我要是青蛙先生，我都要哭出来了，我是那么想得到红枫叶，可是它被吹到小溪里去了。“我太喜欢它了”，我读的时候声音一定很轻，因为青蛙先生太伤心了。

每一个学生在朗读发表会上既是发表者，也要做聆听者。在听读后，我们还让学生填写“《一张美丽的红枫叶》听读感受卡”，以记录自己印象深刻的地方。

以下是学生聆听后的记录与评价：

表情好。读“青蛙先生轻轻地说了声‘对不起’”时，脸上真的有了“对不起”的表情。

把“枫叶下面又阴凉又安静”读得很轻，让我觉得枫叶下面像学校后面的小树林很清凉，小蜥蜴得多舒服啊！

读出了对比。这一个场景中的惊喜的心情和上一个场景中的失落的心情产生了对比。

读“枫叶怎么自己走进来了”的时候，瞪大眼睛读——青蛙先生多惊讶呀——表情真好。读“抓抓头皮”的时候，真的抓了一下头皮，像个演员。我也得这样，不能当个复读机。

朗读对于阅读童话有什么帮助呢？一是帮助学生归纳出了童话的要素。有过程的教学是由特殊到一般的归纳的教学，它强调从个别（个人或他者）经验或个别事物出发，归纳概括出一般结论。在朗读的过程中，每个学生都是带着自己独特经验的个体，透过“发表卡”和“感受卡”，大家仿佛看到了彼此的大脑是怎样思考的。在朗读和倾听的过程中，学生慢慢聚焦到童话的要素，即角色、场景、情节以及主题上面，而阅读童话的时候，探索角色、主题、情节是最有收获的一种方式。

二是归纳出了表达感受的技巧。在这一过程中，学生也学习到如何通过朗读表达自己的感受。儿童的感受力存在很大的差异，情感和感受是不能归纳的，但是我们可以通过归纳别人表达感受的方法，学习怎样表达“关心”“向往”“感兴趣”。譬如，“我要把‘真可惜’读出叹气的样子，因为青蛙先生多惋惜呀！”“我要把‘还要鲜艳，还要漂亮’读得重一点，因为青蛙先生得到小蜥蜴的礼物，它是多么高兴啊！多么善解人意的小蜥蜴啊！”“读‘抓抓头皮’的时候，真的抓了一下头皮，像个演员。我也得这样，不能当个复读机。”

三是归纳出了联想和想象的方法。在这一过程中，学生还学习到怎样联想和想象，而想象也是童话的核心要素。“把‘枫叶下面又阴凉又安静’读得很轻，让我觉得枫叶下面像学校后面的小树林很清凉，小蜥蜴得多舒服啊！”“‘在红枫叶的后面，一定躲着他的好朋友——小蜥蜴’，我感觉小蜥蜴正猫着腰偷偷地笑呢，所以我把‘小蜥蜴’三个字断开读：小——蜥——蜴！”

让低中年段的学生指出最本质的东西，其实是很困难的。学生可以一边朗读一边想象故事的场面、气氛，想象人物的个性与长相，想象人物的语言和讲话时的表情、语气，想象故事中未描述的事情，尽管他们未必表述得那么准确，但是由此可以不断逼近最本质的东西。

2. 跳出童话看童话

通过对“童话故事探究卡片”（图 5-2）的整理，我们归纳出学生发现的 40 多个有创见的观点，这完全超出最初的预设。在填写“童话故事探究卡片”的过程中，我们很真切地感受到，孩子们热爱童话是天性，难怪说童话最合儿童心理。同时，喜欢探究和发现也是孩子们的天性，我们能充分感受到归纳性学习发生在探究过程中。

师：同学们，这几天我们一直在做一件既有意思又有挑战的事——“童话大探秘”！我们围绕几篇童话，努力发现童话的秘密。昨天在课堂上，大家独立填写了“童话故事探究卡片”。这节课，老师就请同学们来谈谈自己的发现。

生：所有的童话故事都是曲折起伏的。像《灰姑娘》，之前，灰姑娘和爸爸妈妈生活在一起，过着平静美好的生活。后来，妈妈去世了，爸爸娶了后母，后母对灰姑娘不好。再后来，王子遇见了她，灰姑娘就又过上了平静幸福的生活。

生：童话让人很感动。就像《雪孩子》中，小兔子家里着火了，雪孩子明明知道自己不能到火里救人，但还是跑进火里抱出了小兔子，因为它不想失去它的朋友。它肯定知道，朋友是买不来的，只有用心关心朋友，大家才能成为最好的朋友。

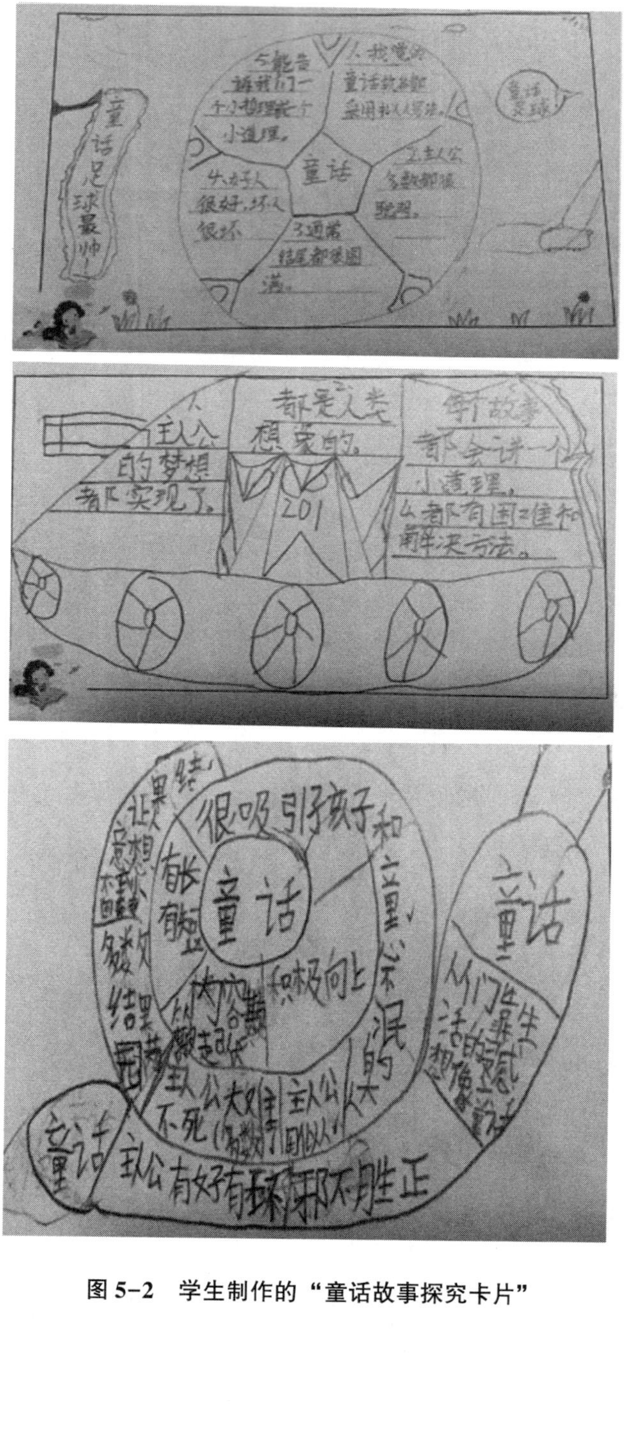

图 5-2　学生制作的“童话故事探究卡片”

生：童话的结尾是让人想不到的，比如《丑小鸭》中，丑小鸭由一个“丑八怪”变成美丽的天鹅，这是谁都不能想到的。

生：童话的结局也都是美好的，比如《丑小鸭》。

师：那《雪孩子》呢，雪孩子的结局也是美好的吗？

生：应该说，多数是美好的。

生：童话中是会发生变化的，比如丑小鸭原来很丑，后来变了，变成美丽的天鹅；雪孩子先是和小兔子快乐地玩，后来却发生了火灾，因为救小兔子，雪孩子化成了水。这些童话中都是有变化的。

生：我觉得童话的结尾都会发生逆转。比如《打火匣》中，那个士兵最后变成了王子，这太不可思议了。原来还是士兵呢，结果和公主幸福地生活在一起。

生：我觉得童话里的人物都很积极向上，所以童话也告诉我们不要气馁。还有，童话也很吸引人，总是吸引孩子，如果大人童心不泯的话，也会被吸引。

生：童话里的主人公都是大难不死的。比如《小老鼠去旅行》里的小老鼠，它遭到了猫、狗、老鹰的追击，遇到那么多危险，甚至失去了一截尾巴，但还是实现了自己的梦想。

生：童话的开头都是“从前……”。

生：童话多用“从前”或“一天”开头，是因为这样可以把大家引入故事的情景中。童话还有一个特点，就是童话的结尾非常不一样，有的是悲伤的，像《卖火柴的小女孩》；有的是圆满的，像在《一张美丽的红枫叶》中，小蜥蜴帮小青蛙又找到了一张美丽的红枫叶。

生：童话都是虚构的，把动物比作人。像《灰姑娘》里面的茶壶、茶具、衣柜都会说话。还有，像《一张美丽的红枫叶》，动物哪儿需要书签呀？可是，小青蛙和小蜥蜴还用红枫叶做书签，把红枫叶当作礼物送给对方。

生：不同的动物在不同作家的笔下有不同的性格。比如狐狸，在许多作者的笔下，都是反派，但是在《小狐狸买手套》中，却是善良的、可爱的。

在交流和对话的过程中，我们看到，学生用儿童的语言，归纳出童话以友情、恐惧、变化、梦想等作为创作的主题，童话以有趣的方式、不同的叙写形式与表现手法来呈现内容。他们捕捉到角色、情节、场景等童话的要素。不仅如此，学生还主动深入到每一个具体的童话情境中寻求依据，为自己的创见进行解释，努力探寻结论的合理性，提高了结论的可信度。

在生生对话中，学生相互分享自己的观点，通过与同学的对话来检视自己与对方的观点，同时识别出对方的观点是否与我的相似。小组内的归纳并不完全依赖于个人的认识活动，学生更多的是作为研究共同体的一员，通过对话进行意义协商和整合。

以上，我们仅以“童话探秘”单元教学为例，描述了有过程的归纳教学的实施过程。随着教材和文本的多元化，语文教学方式也必然随之调整，我们希望对语文学科的有过程的归纳教学做进一步的思考和探索。

（执笔人：孙爱曼、艾庆华；研究团队成员：艾庆华、孙爱曼、于晓琳、魏琳、吴晶玉、潘琳、崔艳梅、李文杰、王冬岩）

二、语文学科四年级“边塞组诗”单元教学案例

（一）内容的选择及其依据

1. 内容分析

唐朝边塞诗在中国诗歌史上占有重要地位，是盛开在诗苑里的一朵奇

葩。它展示了唐代人坚强的人生态度，传递了千百年来深入国人骨髓的爱国情怀，有着鲜明的时代特点。

《义务教育语文课程标准（2011 年版）》强调，阅读诗歌，要“大体把握诗意，想象诗歌描述的意境，体会作品的情感。受到优秀作品的感染和激励，向往和追求美好的理想”①。长春版教材四年级第六板块“长城的故事”选编了四首边塞诗。依据课程标准的要求，结合教材内容，我们创设了“边塞组诗”教学单元，将本单元的教学目标确定为：初步探究、归纳边塞诗的特点，培养学生的类别意识、归纳思维，使学生在获得知识的同时，了解古诗学习的方法，为日后学习田园诗、送别诗等多种题材古诗提供启发和借鉴。

2. 有过程的归纳教学对实现该内容教学目标的价值分析

（1）提高古诗学习效率

传统的诗歌教学通常以一首诗为载体，在“明诗题—知诗意—悟诗情”的过程中使学生经历由读懂再到背诵的过程。碎片化、模式化的古诗教学，通常不注意古诗之间的联系，学习过程重复雷同，不利于激发学生的兴趣和求知欲，不利于学生广泛积累，导致学生古诗学习效率低下。在教学研究中我们发现，如果能将一类古诗作为教学对象，引导学生学习一组诗，特别是对同一题材的诗歌进行整合分类，不仅有利于学生把握一类诗歌的一般特点，同时还能够引导学生关注并自行发现、归纳一类诗歌的独特性，这是对古诗词教学的创新性实践。

（2）促进儿童归纳思维的培养

归纳思维与演绎思维同时贯穿于儿童的整个学习过程，但传统语文教学重演绎轻归纳。归纳思维与记忆、背诵不同，它是儿童在探究的过程中进行分类、重组、建构的思维活动。本单元借助学生原有经验，从儿童熟知的古诗入手，通过精学一首边塞诗，带动一组诗的自学，引导学生归纳

① 中华人民共和国教育部．义务教育语文课程标准（2011 年版）[S]．北京：北京师范大学出版社，2012：13.

边塞诗的一般性特点。学生在比较、分析、探究的过程中经历自主建构、自主归纳的过程，归纳的思维能力得到充分的培养。

（二）学情调研与分析

有过程的归纳教学的起点是学生的已有经验和已知知识。为了找准学生的学习起点，进行单元的总体设计与实施，教师围绕如下6个核心问题拟定了调查表，对学生进行学情前测。

《出塞》是一首边塞诗，你觉得边塞诗和什么有关？关于边塞诗，你还想了解些什么？

你对作者王昌龄有什么了解？还读过他的哪些诗？

读了这首《出塞》，你的感受是什么？

你认为这首诗中哪个字或词用得最好？简单地写写理由。

哪些地方是你不理解的？请写下来。

关于《出塞》这首诗，你希望老师在课上讲些什么？

全班44名学生，回收上来42张调查表，教师逐一进行分析、统计。在学情单上学生共提出87个问题，主要涵盖以下三个方面内容：涉及诗歌背景、特点的问题共计63个，占问题总数的72.4%；围绕诗人层面的问题共计13个，占问题总数的14.9%；诗句理解层面的问题共计11个，占问题总数的12.6%。由此可见，诗句理解已不是学生主要的学习需求，更不是学生学习的主要障碍。为此，我们将学生更为关注的诗歌创作背景及其特点作为本单元教学的重点及难点。

（三）学习材料的选择与任务设计

1. 确定一个例子

在归纳推理中，总体问题的确定是基础性的和首要的。王昌龄是边塞诗人代表，号称“七绝圣手”，他的“秦时明月汉时关，万里长征人未还”被称为唐人七绝的压卷之作。因此，本单元选择典型的边塞诗《出塞》作为例子进行重点教学，意在发挥示范、指导的作用，使学生将学习到的方法迁移到边塞诗的学习中。

2. 学习一类古诗

学习一首诗是为研究一类诗打基础的。类的选择是提升、验证的过程，因此，一类诗的选择从量上要达到相对的丰富，在难易程度上要坚持适度的原则。基于此，教师为学生提供了若干首边塞诗作为学习素材。从语文教材和校本教材中选出 3 首学过的边塞诗，即《从军行（其四）》《从军行（其五）》《塞下曲》，5 首没有学过的边塞诗，即《从军行（其一）》《白雪歌送武判官归京》《塞下曲（其六）》《陇西行》《前出塞九首》（节选）。

诗歌的选择从两个角度考虑：一是选同作者同题材的诗歌，力求通过对比，发现作品描写角度的多样性，在相同中找不同。二是选同题材不同作者的诗歌，力求通过对比，在多个作品中寻找到相同的事物，在不同中找相同。同时，通过 8 首古诗的比较，培养学生敏锐的思维能力、良好的思维品质。

3. 整体构建单元

基于单元教学内容、学生学前情况调查、单元教学目标，我们打破常规的课时教学，进行单元板块式教学。单元板块安排如表 5-2 所示。

表 5-2　“边塞组诗”单元板块教学安排

板块	课时分配	教学内容
板块一	2	学习一首边塞诗，初步发现边塞诗的特点
板块二	2	探究一组边塞诗，自主归纳边塞诗的特点
板块三	2	全班梳理单元学习所得，分享学习收获

以板块整合学习内容，形成教学流程，构建课堂教学，这是一种清晰而又灵动的教学设计，让教师的教学思路更加明朗。

4. 巧设学习任务

（1）激发兴趣，联结经验，帮助学生走近边塞诗

单元教学以学生熟悉的诗词大会形式导入，通过“诗句九宫格”“看

字猜诗句”“看图猜诗句”三个环节（图 5-3），让学生初步感受诗句具有的一般规律与特点，唤醒、激活学生的古诗词学习经验。

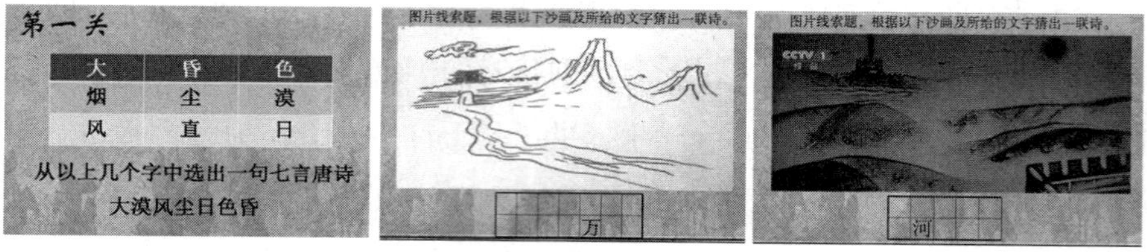

图 5-3 “诗词大会”试题

（2）问题驱动，直接突破学习的重难点

我们对学生的问题进行了分类，并明确：对学生已懂的问题不再重复；对学生不懂的问题进行关注；对似是而非的问题进行剖析。为了实现单元教学“教有所指，学有所得”的目标，突破学生因缺少生活经验、不了解历史背景等造成边塞诗理解困难的教学难点，我们通过“听—看—想”这样的过程，把静态的文字化成学生头脑中具象的、动态的画面，丰富诗词的意境，使学生产生身临其境之感。同时，补充唐朝的疆域地图，让学生体会戍边的重要意义与艰苦条件，进一步激发学生的爱国情感。

（3）合作探究分享，在交流中总结归纳

在学习方式上，无论是一首诗的学习，还是一类诗的学习，本单元一直采用“个人学习+小组学习”相结合的方式，促进学生在讨论交流中发现、归纳边塞诗的特点。通过个人学习品“言”味，掌握写了什么；通过小组学习品“意”味，在梳理中提升归类意识；通过全班交流品“真”味，进一步体会为什么这样写，使学生逐步加深对边塞诗的认识。比如，在品读一组边塞诗的过程中，教师要通过设计任务为学生提供“脚手架”，指导学生开展学习。教师通过设计“认真观察并思考，这组边塞诗中都写了哪些景、哪些物、哪些人？抒发了什么样的情？”这样的问题，为学生提供了景、物、人、情的品读线索。学生利用不同的符号来标记诗中关于景、物、人的描写，再分别体会每首诗表达的感情，为后续归纳边塞诗的特点提供了重要的经验。

（四）归纳过程的展开

1. 立足一首诗，实现对一首诗的小归纳

学生在理解《出塞》内容的基础上，从整体上进行感悟，了解这首诗写了哪些内容，进而发现这首诗的特点。通过师生之间的对话交流，让学生初步了解边塞诗的风格和特点。

师：这首古诗写了些什么？老师通过同学们的交流与补充，和你们一起圈了这些词：明月、秦、汉、边关、战士、龙城、飞将、胡马、阴山。大家看看这些词，你有什么发现呢？

生1：通过刚才的交流，我知道这些词都能表达一定的情感。

师：正所谓“一切景语皆情语”。（教师板书“情”）还有其他的发现吗？

生2：我发现战士、飞将、胡马都是跟人有关的。

师：这是个不小的发现。（教师板书“人”并把这三个词写到一起）

生3：受到同学的启发，我发现明月、边关、阴山写的都是那里的景色。

师：那老师再把它们写在一起。（教师板书“景”）

生4：秦汉写的是朝代。如果也像老师那样用一个字概括，我觉得应该可以算是“物”吧！

师：特别善于思考和归纳。好，就按照你的想法。（教师板书“物”）

师：同学们特别了不起。通过交流，我们发现了这首边塞诗内容上的特点，它主要写了人、景、物、情四个方面。是不是只有这首边塞诗或者说只有王昌龄的边塞诗，才有这样的特点呢？

学起于思，思源于疑，疑是点燃学生思维的火种。在这样的质疑中引发学生强烈的探索意识，有利于接下来围绕核心问题“边塞诗都写了哪些景、物、人、情”，更好地激发学生寻找边塞诗的一般性特点，促进学生对边塞诗的体会和理解。

2. 同学多首诗，实现对一类诗的大归纳

引入多首边塞诗，让学生在“比较—发现—归纳”中构建出边塞诗的鲜明特点，实现从特殊到一般的归纳。

（1）从特殊到一般，经历归纳与建构

学生运用不同的符号对“边塞诗资料卡”上的8首边塞诗进行分类，在组内将自己的发现和小组成员分享，指出分类的依据，并将它们梳理在白板上（图5-4）。鱼骨式、表格式、思维导图式、气泡式、条形图式、括号式等多种形式的梳理，充分地凸显了学生的个性。

生1：这是我们小组梳理的内容，描写的人有匈奴、单于、吐谷浑，描写的景有大漠、孤城、玉门关，描写的物有刀、弓、羌笛，体会到的情感有思念的情感、爱国的情感等。

生2：我认为还可以把这些人归纳成我军和敌人。（教师圈画板书）

师：这样概括更明晰了，我发现他们组在白板上还画了刀、弓箭、盾、月这样的事物。为什么画这些事物，而不画别的呢？

生3：因为我们刚刚在梳理时，感觉这些事物总出现，觉得它们很有代表性，所以就把它们画了下来。

师：刚刚这个组提到一个字“总”。对于反复出现的内容，有小组进行过统计吗？

生4：我们小组统计后发现：雪出现过5次，武器出现过4次，海出现过3次，山出现过2次，城楼出现过2次，烽火出现过2次，沙漠出现过2次，花出现过2次，笛出现过2次，出现1次的没有列出来。

生5：我们发现出现最多的就是景，所以在“景”的上面画了一个皇冠。这些景可以分成自然景观和地名两个方面。我们还写了一句话，叫“有国才有家”。

师：为什么这些内容出现的频次这么高呢？换句话说，为什么这样写呢？

生6：因为在边塞只能看到这些，看不到别的。

生7：这些都是边塞特有的。

生8：除了老师说的人、景、物、情，我们组还发现边塞诗都是先写景再抒发情感的，所以我认为，只有写边塞能看到的景色，才能表现出那里的荒凉，才能在后面抒发出自己内心的情感。而且，边塞诗的题目中多带有“塞、行”这样的字眼。

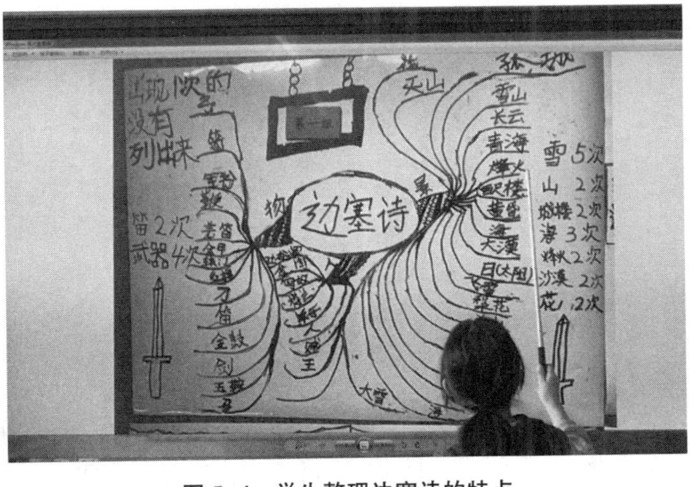

图5-4　学生整理边塞诗的特点

可见，学生已经能够捕捉到边塞诗特有的描写内容，并进行有理有据的分类与归纳。其中高频次出现的事物就是边塞诗中最为典型的意象，边塞诗也正是通过这些意象传递出情感的。在归纳的过程中边塞诗的轮廓及模样已经越来越清晰明了。学生在发现一首边塞诗特点的“小归纳”的基础上，实现了发现一组边塞诗特点的“大归纳”。看来，只要选择适切的学习内容，给予足够的资源，设计合理的任务，学生就会在不断地对比、发现、分析、感悟中经历一个由浅入深、由表及里的过程。教师也探索出边塞诗的教学法，可谓举一反三。

（2）从一组诗到一类诗，经历思辨与验证

如果学习仅仅停留在知的层面上，还不能算真正达到了学习的目的。只有掌握规律，恰当地运用原理，才能真正地学以致用。为此，教师组编了8首古诗，让学生从中判断甄别哪些诗是边塞诗，并说说这样判断的理由。

生1：《关山月》里写到了“明月、天山、玉门关、青海湾”这些典型的边塞景物，而且还提到了征战，很多战士都回不来了，我感觉到很惨、很凄凉的情感，所以我判断《关山月》是一首边塞诗。

师：《鸟鸣涧》一诗里也提到了月、山，那它是不是边塞诗呢？

生2：不是，虽然提到了山、月，但是没有提到其他典型的边塞的景物，而且没有表达报国、思念的情感。

师：看来不是只要写到景、物、人、情中的某一方面就是边塞诗，而是要对这几个方面进行综合判断。

（3）巩固与拓展，分享收获

通过前两个板块的学习，学生成功地破解了边塞诗的密码，发现了边塞诗这种题材诗歌的特点。在本单元最后一个板块的学习中，我们设计了“梳理所得，分享收获”的环节。一是梳理边塞诗特点，不拘形式地展示自己的学习心得。学生的展示异彩纷呈，有的学生立足边塞诗独特的“人、景、物”，发起了“古诗朋友圈”；有的学生以戍边战士的口吻为亲人“寄”去了家书；还有的学生运用习得的边塞诗密码，创作了一首首边塞诗。这样由读生长出来的创作就是一种应用，而应用本身就能看出对边塞诗的理解程度。二是搜集整理边塞诗，举行小小赛诗会。如果说学习是一个内化的过程，那么这一板块的设计就是一个把理解外化的过程。学生在这个过程中有效地巩固了前面所学的内容，从而使单元的学习完整而连续。

在整个单元的教学中，学生们经历了从个别到一般的知识建构过程，这对于小学语文古诗词教学来说也是一次弥足珍贵的探索过程。

（执笔人：石巍；研究团队成员：王廷波、王语、王俊杰、袁丽敏、张春宇、徐斌、幺文、吉丽、张烨、于连晶、孟妍、王艳秋、喻瞳、孙宏宇）

三、语文学科五年级“读写结合·聚焦人物”单元教学案例

（一）内容的选择及其依据

1. 内容分析

作文教学是语文教学的重要组成部分，是培养学生语言文字能力的一种必要手段。从目前的状况来看，作文教学仍然是小学语文教学中的薄弱环节，也是小学语文教学的难点。心理学研究表明，一切行为都是由动机引起的，没有自身的激情或冲动，就很难有创造性的表达。《义务教育语文课程标准（2011 年版）》明确指出，学生要“写自己想说的话，写想象中的事物”，“能不拘形式地写下自己的见闻、感受和想象”①。因此，激发学生的写作兴趣，鼓励学生自主表达，是作文教学的核心。

写人作文是最常见的作文类型之一，它贯穿于整个中小学阶段作文教学中。只有将人物写好了，对很多类型文章的理解才能更加深入。长春版教材五年级第三板块的《高尚的行为》和第四板块的《窃读记》两篇课文就是经典的写人文章。基于有过程的归纳教学的理念，我们以《高尚的行为》《窃读记》以及人教版教材课文《“凤辣子”初见林黛玉》为范本，创编了“读写结合·聚焦人物”单元，将本单元的教学目标确定为让学生

① 中华人民共和国教育部．义务教育语文课程标准（2011 年版）［S］．北京：北京师范大学出版社，2012：8-9，11.

利用思维导图自主发现、归纳写人文章的特点，总结、提炼写人作文的方法，并应用于自己的作文评改中，使学生在掌握写人作文方法的同时，举一反三，为学习写事作文、写景作文等提供方法方面的指导。

2. 有过程的归纳教学对实现该内容教学目标的价值分析

（1）突破以往作文教学的局限，提供作文教学的新思路

以往的作文教学基本是以演绎为主的，即先教方法后运用。在学生写作之前，教师帮助学生梳理出多种写人作文的好方法，然后讲解如何运用这些方法，最后学生套用写作方法，完成习作。在整个写作过程中，学生缺少自主发现、自主归纳的过程，都是在生硬地套用、模仿，因此作文缺少趣味，缺少真实性，缺少生命力。

而有过程的归纳教学强调学生自主发现、自主归纳，这就为我们的作文教学提供了一种新思路，即让学生从经典的写人文章中自主发现文章的共同特点。例如，写人文章都运用了外貌、动作、语言、心理、神态等描写，这些描写是如何呈现的？在一篇文章中所占比例如何？写人文章通常会运用正面描写与侧面烘托相结合的方法，侧面烘托有什么作用？学生在仔细研读课文的过程中感受作者的写作手法，归纳写作方法，并将方法应用到自己的写作中，这样写出来的文章自然会丰满而鲜活。

（2）将阅读教学与作文教学进行整合，体现学以致用

小学语文课程标准强调语言文字的运用，倡导把文质兼美的课文当作学习写作的范文，体现了阅读教学与作文教学的完美整合。有过程的归纳教学就为这一整合提供了条件。学生先学习课文，然后归纳方法，再将方法应用于习作。在这个过程中，课文既是素材库，也是方法源，更是学生习作的范本。

（二）学情调研与分析

有过程的归纳教学强调从学生的经验出发，找准学习的起点进行教学。因此，在单元构建之前，我们对学生写人作文的现状进行了调查，目

的是发现学生写人作文的难点，确定教学的重点。

我们先让学生在没有任何指导的情况下完成一篇写人习作，之后抽样调查了三个班级，对学生作文中运用的人物描写方法进行了统计（表5-3）。

表 5-3　学生第一次作文中人物描写方法运用情况

（单位：%）

班级	外貌描写	动作描写	语言描写	心理描写	神态描写	侧面描写
A 班	56	70	49	23	17	12
B 班	78	65	43	14	35	32
C 班	80	78	51	29	42	19

从数据中可以看出，部分学生能够尝试运用人物描写方法来突出人物形象，其中，外貌描写、动作描写运用得相对较为熟练，而其他几种方法应用程度不高。学生的语言多以描述性语言为主。由此，我们将学生最为欠缺的心理活动描写、正面描写与侧面描写相结合这两点作为本单元教学的重点。

（三）学习材料的选择与任务设计

有过程的归纳教学，首先要解决的问题就是教材问题。教材内容的设计必须符合儿童循序渐进地发现和归纳这一认知特点，必须有利于教师在课堂上开展有过程的归纳教学。出于这样的考虑，我们大胆地进行了单元的重新建构，选择了长春版教材课文《窃读记》《高尚的行为》和人教版教材课文《“凤辣子”初见林黛玉》这三篇经典的写人文章作为作文教学的范本，又加入了三篇补充材料供学生学习、归纳。

1. 确定三篇课文

在《窃读记》这篇课文中，作者细腻生动地描绘了“窃读”的独特感受与复杂滋味，表现了“我”对读书的热爱和对知识的渴望。在这篇课文的学习中，可着重引导学生掌握语言、动作、神态、心理等正面描写的方法。

《高尚的行为》着重描写了教室当中乱作一团的打闹场面和先生进行

调查的经过，文章不仅给学生的心灵带来一次震撼，而且在如何刻画人物形象等方面给学生树立了典范。通过《窃读记》的学习，学生掌握了人物描写的基本方法。在此基础上，在这篇文章中深入学习正面描写和侧面烘托相结合的写作手法。

《“凤辣子”初见林黛玉》是人教版教材的课文，文章通过多种方式表现了人物的性格特点。王熙凤的语言、动作、外貌等正面描写与贾母的语言、林黛玉的心理等侧面描写相结合，使得王熙凤泼辣、放纵的形象跃然纸上。学生通过前两篇文章的学习已经掌握正面描写和侧面烘托相结合的写作手法，本文能够使学生更好地体会如何运用这些方法把人物性格刻画得更加丰满。

2. 选择一种方法

这三篇课文都是写人的文章，写人的方法很多，如何把这些方法清晰地呈现出来却是一个难点。于是，我们尝试运用思维导图来梳理方法，这也是对高年段写人作文教学方法的一种探索。在建构的过程中，我们用思维导图这种方式，教学生厘清文章脉络，然后品词析句，再由读到写。思维导图在其中起到一个中介的作用，能够把学生读到的、吸纳进来的东西输出来，最后变成对写作的指导。

3. 补充三篇资料

教师还有意识地选择了三篇资料，以补充课文中没有涉及的或使用不明显的写作方法，让学生发现并归纳出更多的写人的方法。

4. 整体构建单元

基于学生的学情以及单元教学目标，我们构建了以下单元课程（表5-4）。

表5-4　“读写结合·聚焦人物”单元课程安排

课时安排	学习内容	学习任务	课程资源
第一课时	完成习作《说说这个人》	学生基于个体经验完成习作，引发思考，激发主动学习动机	

续表

课时安排	学习内容	学习任务	课程资源
第二课时	交流习作	初步交流、归纳学生写人作文的特点（优点、问题）	学生作文
第三、四课时	学习课文《窃读记》	引导学生掌握语言、动作、神态、心理等人物描写的方法，深入学习心理活动描写方法	课文《窃读记》
第五、六课时	学习课文《高尚的行为》	在掌握人物描写的方法基础上，深入学习正面描写和侧面烘托相结合的写作手法	课文《高尚的行为》
第七、八课时	学习课文《“凤辣子”初见林黛玉》	在掌握人物描写方法，以及正面描写和侧面烘托相结合的写作手法的基础上，体会如何运用这些方法把人物性格刻画得更加丰满	课文《“凤辣子”初见林黛玉》
第九课时	结合学习资源，进行交流和归纳	归纳写人的多种好方法	三篇课文 三篇学习资料 三节课的板书 电子学习资源
第十课时	围绕训练重点，第二次完成写人作文	将方法落实到写作中	
第十一课时	结合自己及伙伴的习作，进行交流及归纳	归纳同学作品中使用的多种好方法	修改后的学生习作
第十二课时	习作分享	交流与评改	

（四）归纳过程的展开

教师根据学生首次完成作文的情况，进行第三课至第八课时的教学。我们根据大单元教学需要，将单元内容进行重组。学习《窃读记》时着重引导学生掌握语言、动作、神态、心理等人物描写的方法，深入体会如何运用多种方式表现人物的心理活动。学习《高尚的行为》时，引导学生深入学习通过正面描写和侧面烘托相结合来表现人物特点的写作手法。学习《“风辣子”初见林黛玉》时，着重体会如何运用多种方法把人物性格刻画得更加丰满。在每一篇课文学习之后，都引导学生进行一次归纳，归纳出从课文中发现的使人物形象更加丰满的写作方法。

有过程的归纳教学强调学生通过大量素材去发现、总结、归纳。所以在第九个课时让学生结合学习资源进行第三次归纳，归纳写人的方法。下面是课堂中学生归纳总结的过程。

师：我们根据这三篇课文，结合补充的三篇拓展资料，归纳描写人物的好方法。哪个小组愿意跟大家分享你们的观点？

生：我们小组归纳的描写人物的好方法有正面描写，包括细节描写。细节描写主要有动作描写、心理描写、语言描写、神态描写和外貌描写。正面描写中还会使用多种修辞方法，主要有比喻、拟人、排比等。

生：除了正面描写，还可以通过侧面描写来烘托人物，侧面烘托也是描写人物的好方法。侧面烘托包括细节描写，如心理、语言、外貌、动作等，还可以通过景物描写来进行侧面烘托。

师：还有哪个小组愿意跟大家分享你们的观点？

生：还可以通过心理活动来正面描写人物，心理活动包括内心独白；还可以通过关键词来突出人物的外貌和性格。

生：为文章取一个好的题目，也可以突出人物特点。比如《“风辣子”初见林黛玉》，从题目就可以看出王熙凤很泼辣。“凤辣子”是王熙凤的外号，给人物起外号，也是描写人物的好方法。

生：除了正面描写，还可以通过侧面描写来烘托人物。侧面烘托包括细节描写，如心理、语言、外貌、动作等。还可以通过时间或者节日来侧面烘托。

师：你能结合具体材料说一说吗？

生：我是从拓展材料《卖火柴的小女孩》中归纳出来的。文中说“天冷极了，下着雪，又快黑了。这是圣诞节前一天的晚上——平安夜。在这又冷又黑的晚上，一个卖火柴的小女孩光着头赤着脚在街上蹒跚地走着”。这里交代了时间是平安夜的晚上，这是西方特别重要的节日，大家都在家里团圆，吃着美食，很温暖，可小女孩却一个人在这样的节日里赤着脚在街上蹒跚地走着，这更烘托了小女孩的可怜和悲惨。

生：景物可以烘托出人物的心情，描写出人物的特点。《醉人的春夜》中有这样一段文字：“她觉得今天晚上的路灯格外地亮，亮得耀眼；空气中，也仿佛有种醇美的甜味。啊，你这醉人的春夜！”从这段文字中可以体会出她在得到小伙子的帮助后，心情特别好，很高兴，也从侧面烘托了小伙子的善良、乐于助人。

师（幻灯片呈现拓展资料中景物描写的片段）：看来，想要把人物塑造得鲜活、生动，我们还可以运用景物烘托的方法。恰当的景物描写能从侧面烘托出人物的心理活动，突出人物性格。

生：侧面烘托还包括通过人物来烘托，通过其他人物形成对比，来突出主要的人物。还可以通过具体的事件来突出人物性格特点。

生：在文章中，也可以加入作者的想象，比如想象的场景和人物心理等，这也是描写人物的好方法。

师：刚才，我们共同归纳出了描写人物的好方法。善于归纳学习，能够帮助我们更好地记忆和提升，这是一种有效的学习方法，同学们可以多尝试运用。

在这个归纳过程中教师注重了对学生多方面学习能力的培养。

1. 强调学生的操作和体验

学生借助三篇课文、由三篇课文梳理出的三幅思维导图，以及补充资料等丰富的学习资源，通过自主学习来归纳出写人的好方法，并把自己发现的好方法以思维导图的形式归纳整理到个人学习卡片上。在这一学习过程中，学生要经历观察、思考、发现、动手绘制的过程，这个过程是基于个人经验的亲身参与的过程，是发现、探究、建构的过程。

2. 关注学生的对话与省思

在个别学习的基础上，学生在小组内交流各自发现的写人的好方法。小组成员讨论交流，由一人执笔，在白板上归纳整理出大家认同的写人的好方法。在这一过程中，小组成员互相启发、补充，思维逐渐清晰，进一步提高了质疑、评价、归纳、总结的能力。

3. 注重归纳思维的培养

在全班交流中，学生在发现、归纳的过程中逐渐丰富自己的发现，提高归纳的意识和能力。

在大单元的学习之后，学生进行了第二次习作，这次学生对各种人物描写方法的运用能力普遍提高（表 5-5），作文更加具体、翔实、有内容。

表 5-5　学生第二次作文中人物描写方法运用情况

（单位：%）

描写方法	外貌描写	动作描写	语言描写	心理描写	神态描写	侧面描写
A 班	60	79	77	33	49	23
B 班	78	89	62	33	49	60
C 班	83	81	63	34	45	55

通过大单元教学之前和之后学生运用人物描写方法情况的对比，我们很容易发现，我们以有过程的教学为出发点，关注学生在学习过程中各个独特的体验，实现了学生习作水平的提升。

（执笔人：张敏；研究团队成员：赵艳辉、脱中菲、周晶、张敏、徐莹、张晶燚、周宇洋、李影、曹丹、赵雪、齐英维、王艳、李姝）

四、数学学科二年级“分一分与除法”单元教学案例

（一）内容的选择及其依据

1. 内容分析

学生在本单元将第一次学习除法。理解除法意义、进行表内除法计算和解决简单的实际问题是小学阶段的运算中较为基础和核心的内容。本单元教学是在学生初步理解了乘法的意义，会用2—5的乘法口诀口算表内乘法的基础上进行的。教学目标主要是让学生通过多次分物的具体操作，解决生活中平均分的问题，积累分物活动经验，理解平均分的意义；在体验的基础上，引入除法算式，并把它与分物的具体操作过程和结果联系起来，从而使学生获得对除法意义的初步理解，并在此基础上，学习用乘法口诀求商；在解决问题的过程中，通过实物操作、画图、运用口诀求商等方法，发展解决问题的能力和抽象思维能力。

2. 有过程的归纳教学对实现该内容教学目标的价值分析

（1）从特殊到一般，突出对平均分的理解

数学概念的抽象性决定了数学教学要基于儿童直观而鲜活的生活经验。学生在生活中已经积累了一定的平均分的经验，但是如何将丰富的生活经验数学化、抽象化？在教学过程中教师要通过不同情境中的例子引导学生体会什么是平均分，进而抽象出平均分的概念。这个过程就是通过引导学生分不同的东西，归纳发现这些不同的“分”的共同点是“分得一样多”，也就是平均分，从而夯实对平均分的概念的理解。

（2）从具体到抽象，加强平均分与除法之间的联系

除法是乘法的逆运算，是通过乘法来定义的，即已知两个因数的积与其中的一个因数，求另一个因数的运算。可见，除法的意义对儿童来说非常抽象。小学生主要通过平均分物的活动来学习除法，有两种情况：一是知道总数和分的份数，求每份是多少；二是知道总数和每一份

的数，求分了多少份。这两种分法本质上是一致的，都是把一个整体分成了若干个相同的部分，结果都清晰地表示出总数与份数和每份数之间的关系。平均分是学生构建除法意义的重要的支撑。引导学生经历“平均分”具体操作的数学化过程，其实就是在引导学生用数学思维思考、构造用除法解决这一类现实问题的数学模型，进而理解除法的意义。这里主要强调帮助学生建立数学思维，再根据有过程的归纳教学的思路进行学习。教学中设计多个分物情境，由多个个别的活动经验概括出一般结论。在操作中，还要注意引导学生由实物操作逐步向抽象过渡，对比分析两种分物情况中总数与份数、每份数之间的数量关系，感受本质，建立模型，体会除法的意义。

基于此，我们通过有过程的归纳教学主要实现本单元的两个教学目标：一是通过分萝卜、分苹果、分糖果、分香蕉等多个学习活动，归纳、总结出平均分的意义，得到解决除法问题的一般规律；二是结合具体的分物活动，初步理解除法的意义，会读写除法算式，知道除法算式各部分的名称，初步学会根据除法的意义解决一些简单的实际问题。

（二）学情调研与分析

学生在学习本单元之前已经积累了很多平均分的经验，比如在分物品的时候，为了公平起见，儿童喜欢将物品分得一样多，但是这种生活经验并没有上升到对平均分的概念性认识。学生在总数较小、份数较少的情况下，能够凭借经验和乘法口诀等知识，得出平均分的结果。但是对于数量较大的总数，学生无法快速得出结果，需要借助分的操作过程得出结果。

1. 学生具有较多平均分的生活经验，但是水平差异较大

根据课前调查，二年级的学生对于平均分的公平性早已明确。例如，对于“将 6 个桃子分给两只小猴，你想怎样分？”这样的问题，大多数学生很快就能借助乘法口诀的学习经验想出分的结果，就是每只小猴分到 3 个，他们认为这样分最公平，而且对于这样小数目的分，大多数学生都能

很快想到“公平分”的结果。如果将分的数目变大，例如，对于“将 30 块糖分给 4 名同学，要求每名同学分得同样多”这样的题目，不能再利用表内乘法直接得到分的结果时，我们发现只有极少数的学生会借助圈一圈或连一连的操作过程求得结果。这说明大多数学生只是具有“公平分”的生活经验和利用表内乘法得出小数目分物结果的能力，他们并没有把“公平分”这种生活经验上升为平均分的概念。因此，通过一系列“分”的动手操作活动帮助学生理解平均分的真正意义在本单元的教学中就显得尤为重要。

2. 学生听说过除法，但是不理解除法的意义

与乘法比较，除法是更为抽象的一种运算，学生也是初次接触。即使在课前的调查中我们发现很多学生知道或听说过除法，还有部分学生已经会用乘法口诀计算表内除法，但是对于除法的意义大多数学生都是表达不清楚的，这说明除法的意义大多数学生理解起来还是有难度的。而且在以往的教学中我们发现，当乘法和除法题目同时出现的时候，学生易混淆；在有理数的范围内，运用除法运算解决问题更困难。因此，将除法算式的含义与平均分的过程结合起来的这个环节，可以使学生的知识框架重新构建。

这样的分析对于教学设计来说有哪些启示？首先，关注儿童已有的经验，创设多个儿童喜欢的分物活动，让儿童在不同的分物体验中感受“分得都一样多”，为归纳出平均分的概念奠定实践的基础。其次，在除法的学习过程中要加强除法与平均分之间的关联，让除法的意义在平均分的活动中得到体现，积极建构总数与份数和每份数之间的关系，感受除法与乘法之间的联系，将抽象的除法意义具体化、对象化，降低除法意义学习的难度。

（三）学习材料的选择和任务设计

1. 教材比较研究

研究团队比较了台湾翰林版教材和北师大版教材（表 5-6）。在台湾

翰林版教材中该内容被拆开，分别安排在二年级（上、下）和三年级上的教材中，共有 8 课时，具体内容分为：二年级上的“分装活动”学习平均分物的第一种情况；二年级下的“等分活动”学习平均分物的第二种情况；三年级上的“除法”学习使用除法算式记录除法问题解决的过程和结果，理解除法意义，解决有余数除法的问题。

表 5-6　北师大版教材与台湾翰林版教材比较

<table>
<tr><th></th><th>北师大版教材</th><th>台湾翰林版教材</th></tr>
<tr><td rowspan="4">课时安排</td><td>分物游戏
（小数目物品平均分，1 课时）</td><td>分装活动（二上）
（认识包含除的概念，解决包含除问题，用算式把做法记下来，2 课时）</td></tr>
<tr><td>分苹果
（平均分的两种情况，1 课时）</td><td rowspan="2">等分活动（二下）
（认识“平分”，解决等分除问题，用算式把做法记下来，3 课时）</td></tr>
<tr><td>分糖果
（大数目物品平均分，1 课时）</td></tr>
<tr><td>分香蕉
（认识除法意义和除法算式，1 课时）</td><td>除法（三上）
（学习使用除法算式记录除法问题解决的过程和结果，理解除法意义，解决有余数除法的问题，3 课时）</td></tr>
</table>

通过教材比较我们发现，北师大版教材不仅充分考虑了学生已有的小数目平均分和两种均分方法的经验，编写上整体呈现了归纳的特点，即通过小数目物品的平均分、平均分的两种情况、大数目物品平均分，为学生积累大量的分物经验，这种编排方式侧重在不同情境下让儿童渐进式地体会并理解平均分的概念。在丰富的体验的基础上，引入除法算式，并把它与分物的具体操作过程和结果联系起来，从而使学生获得对除法意义的初步理解，并在此基础上，学习用乘法口诀求商。在解决问题的过程中，通过实物操作、画图、运用口诀求商等方法发展解决问题的能力和抽象思维。这种教材内容的编排为有过程的归纳教学提供了非常好的基础。

台湾翰林版教材偏重数学学科特点，注重运用算式解决问题。以“等分活动”单元为例，教科书设计了两个主要活动：第一个活动是让学生通过具体操作，用语言描述分物过程及结果，体会数量变化，积累分物经验；第二个活动直接引导学生用算式记录分物过程，学生可以用加法、减法记录，也可以用其他方法记录。开始时引导学生根据分物经验来用算式记录过程和结果；然后让学生尝试脱离操作，直接用算式记录分物过程和结果。整个过程逐步走向抽象。

通过对教材的对比分析我们认识到以下两点。第一，多样化的体验活动是理解平均分概念的基础。但是如何在操作活动中发展学生的数学思维？教材中也为我们提供了一些策略，比如让学生用不同的方法表示分物的过程，用不同的算式来记录分物的过程，等等。学生多样化的思考过程和学习方法，呈现的是在特殊问题情境下的思考经验，它们是特殊的、个性化的，教师需要抓住这些具有鲜明个性特征的学习经验，引导学生在多个特殊的经验基础上抽象出一般的共性的认识。第二，概念的理解与意义的建立不是一蹴而就的。无论台湾翰林版教材还是北师大版教材，教授平均分和除法都不是通过一个事例展开的，而是通过多个事例和活动的学习，逐步加深学生对平均分的认识，将学习过程逐层推进，夯实学生的理解。可以说，三次分物活动实现了递进式的归纳，放大、延长了学生的学习过程，深化了学生对平均分概念的认识和理解。基于以上的思考，研究团队在保留北师大版教材整体编写顺序的基础上，重点将这个单元的前半部分，主要是平均分和除法意义的教学内容，从单元教学设计的角度进行了创新，尝试运用有过程的归纳教学促进学生对平均分概念的理解和除法意义的建构。

2. 单元教学内容设计

单元教学内容设计见表 5-7。

表 5-7　“分一分与除法”单元教学内容设计

教学内容	学习任务设计
分物游戏 （1 课时）	活动一：4 个桃子分给 2 只小猴，可以怎样分？ 活动二：12 个萝卜平均分给 3 只小兔，可以怎样分？你能用小圆片代替萝卜摆一摆、分一分吗？ 活动三：15 根骨头平均分给 3 只小狗，可以怎样分？你能用连一连的方法来表示分的过程吗？
分苹果 （1 课时）	活动一：16 个苹果，平均放到 4 个打包盒里，求一盒装几个？ 活动二：12 个橙子，每盒放 6 个，求需要几个打包盒？
分糖果 （1 课时）	活动一：20 块糖平均分给小组里的 4 个人，可以怎样分？你能用小圆片代替糖果分一分、摆一摆吗？ 活动二：50 块糖平均分给 8 个人，可以怎样分？没有实物，你能想办法将分的过程表示出来吗？
分香蕉 （1 课时）	活动一：12 根香蕉，每份分得同样多，可以怎样分？（可以在学习卡片上圈一圈、画一画或连一连） 活动二：你能将这些分法分一分类吗？说说你分类的依据。 活动三：你能试着用除法算式表示这些分法吗？结合分的过程和结果，说说每一个除法算式表示的意义。

（四）归纳过程的展开

1. 逐层深化，多次归纳，促进对平均分概念的理解

在本单元平均分的概念是经过多次归纳逐渐建立起来的。第一课时揭示平均分概念，第二课时对平均分概念进行深化，第三课时在大数情境下应用平均分，第四课时则将平均分与除法意义加以关联。这种围绕着一个概念的深度学习从根本上体现的是一种归纳的思想。

（1）创设多个分物情境，在积累活动经验的基础上揭示概念

“分物游戏”是本单元的起始课，为了让学生积累更多平均分的活动经验，我们创设了“分桃子”“分萝卜”“分骨头”等多个分物情境，通

过帮小动物分物的具体操作，让学生感受平均分，加深对平均分意义的理解。

先让学生“分桃子”，感受分物有不同的分法：可以每份分得一样多，也可以分得不一样多。但一个例子不能说明清楚，于是教师为学生提供了更多的小动物分东西的例子，让学生思考更多的分物方法，从而为学生发现不同方法的共同特点提供很好的经验基础。

师：大屏幕上这几种分法，和刚才我们给小猴分桃子使用的两种分法（手指着黑板），可以分一分类吗？什么样的放一类？

生：每份分得同样多的是一类，分得不一样多的是一类。

师：哪些同学听见了？谁能再说说？谁跟他的想法一样？

师：像小猴分桃子、小猫分鱼、小松鼠分松果（手指着黑板），每份分得同样多在数学中就叫作平均分。（板书“平均分”，手指着小猪分西瓜问）这是平均分吗？（指着熊猫分竹子问）这是平均分吗？

生：不是，因为它们分到的大小不一样，多少也是不一样的。只有每份分得同样多才是平均分。

在这个片段中教师向学生展示了小动物分东西的过程，用小动物分物的图片来吸引学生的好奇心。同时利用学生分桃子的经验，通过让学生直接观察分物的结果，提出问题——把这些分物活动分分类，引导学生发现“分得同样多的是一类，分得不一样多的是一类”，由此学生初步感知了随意分与平均分的区别。此时，教师带领学生进一步进行数学抽象，帮助学生初步归纳“每份分得同样多”这个平均分概念的本质，揭示平均分的概念。

（2）归纳平均分的两种现实原型，加深对平均分意义的理解

对平均分概念的理解不是一次性的，是循环往复、不断加深的过程。在第二课时，为了引导学生认识、归纳平均分的两种现实原型，教师创设

了学生熟知的生活情境——“给水果打包”。

师：谁来说一说图里的数学信息？

生：一共有 16 个苹果，4 个打包盒。

（学生说信息，教师在黑板上贴图）

师：那你想怎样给苹果打包？

生：把 16 个苹果平均放到 4 个打包盒里，看看每个盒子里能放几个？

师：你们想试试吗？可以用小圆片代替苹果摆一摆，也可以在学习卡片上画一画、连一连。

在“给苹果打包”这一环节，学生因为有了上一节课平均分物的经验，会呈现出很多平均分的方法，这里不必一一展示。教师的目的是让学生回顾平均分物的过程，为下面的学习做好铺垫。

接下来的“给橙子打包”，主要引导学生发现新的分物策略——圈一圈。这与上节课的“平均分”不同，与“给苹果打包”也不同，是在知道橙子总数的情况下，要求每 6 个橙子放一盒，求需要几个打包盒。学生在操作时有的把 6 个放一堆，有的在学习卡片上直接 6 个一圈，用来表示每份 6 个。汇报时，教师适时强调“每份”这个概念，进而让学生体会“包含分”这一平均分物的另一种模型。

两次分物活动后，教师引导学生进行小结、归纳：

师：两次分水果的过程一样吗？仔细观察一下（边指边说），谁来说一说？

生：分的过程不太一样，但最后每盒装得都一样多。

学生说出了两次分物的相同之处：分完之后每盒同样多，即都符合平均分的概念。教师追问了平均分的定义，加深了学生对平均分意义的理解。

两个分物原型的不同之处，不容易被发现，也不容易归纳，尤其是在学生的语言表达不够规范时，教师需要有效引导。于是，这里教师引导学生再次观察：

师：我们观察一下，分苹果，我们除了知道总数，还知道什么？

生：要分到4个打包盒里。

师：那分橙子呢？

生：除了知道总数，还知道每个盒里要放6个橙子。

……

师：那我们就可以说分苹果是知道总数、份数，求每份数。那分橙子呢？

这里教师边引导学生观察，边渗透了总数、份数、每份数这样归纳性的语言，引导学生利用像“知道总数、份数，求每份数”这样的语言描述分苹果和分橙子的过程，进而发现两种分物原型的不同之处。

生：分苹果是知道总数和盒数，要求每盒装几个苹果；而分橙子是知道总数和每盒装几个，要求需要几个打包盒。

师：所以两次分水果虽然都是平均分，但分苹果是知道总数和份数，求每份数；而分橙子是知道总数和每份数，求份数。

通过这样的小结，学生初步认识了“平均分”和“包含分”这两种平均分的现实原型。为了深化学生对平均分和包含分的理解，我们又呈现了租船和分座位两个情境，引导学生再来分一分。在得到分物结果后，引导学生观察、比较以上四个分物案例的相同之处和不同之处，说一说对比后的发现，并将它们分类：分苹果和分座位为一类，都是知道份数，要求每份数，即平均分；分橙子和租船为一类，都是知道每份数，要求份数，即包含分。而四次分物的相同之处在于，都是将一个整体分成若干相等的部分。通过这样的两次归纳，从个别到一般，使学生明确平均分的两种模型，也为除法算式的抽象做了很好的铺垫。

（3）探索大数目平均分的方法，深入理解平均分

大数目的平均分是对平均分方法的更深层次的探索，是平均分概念在具体情境下的应用。教学伊始，教师先引出分糖果的方案一：给每个小组分 20 块糖果。学生利用前两节课的学习经验重温分一分的过程和结果。在分享交流的过程中，学生发现用实物分和画图分的方法都有些麻烦，于是引出用表格来记录分的过程的方法，之后让学生用表格记录自己分的过程，强化表格记录的学习。

师：刚才是怎么分的？

生 1：他第一次给每个小朋友分了 3 块，第二次分了 2 块。

师：那么在表格的这个位置（教师指着第一个小朋友第一次分的空白处）应该怎么填呢，还画 3 块糖吗？

生 2：不用了，直接填上一个数字 3 就可以了。

用表格记录分的过程是教师提供的一种方法，其教学的重点在于理解表格中每一处的意思，并且通过观察表格理解分的过程。所以对于表格的细节、每一步的含义，都要让学生讲明白。

师：这样我们分了几次呀？

生：两次（第一行一次，第二行一次）。

师：表格里能不能看出来每个小朋友分了几块糖呢？

生：第一次 3 块，第二次 2 块，竖着看就是 3+2=5。

在学生理解表格记录方法的同时也要总结表格记录方法的好处。教师

试着问一问“你觉得用表格记录有什么优点呀”，学生可能会说出“方便”“快速”“看得清楚”等，接下来，教师要鼓励学生用这种方法把分的过程记录下来。

师：你觉得用表格记录有什么好处呀？

生：方便，快速，看得清楚……

师：你们能不能也用这样的表格把刚才分的过程记录下来呀？

生：能！

师：刚才我们学习了用表格来记录分的过程，但是不管你怎么分，每一次给每个小朋友分的糖都是——

生：一样多的。

教师与学生共同总结这些分法相同的地方，进行本节课的第一次归纳：平均分的结果是每个小朋友分的糖同样多。这里，教师的引导词很重要。“不管”二字，说明分的方法虽然多样，但无论选择什么样的分法，每次给小朋友分的都是同样多的。由此，归纳出平均分的特点：不管怎么分，最终的结果是一样多的。

师：每次分得少一点，就需要多分几次；每次分得多一点，就——

生：可以少分几次。

通过教师的引导，即“总数一定，每次分得少，就需要多分几次”，让学生自己总结相反的情况：每次分得越多，分的次数就越少。在这一过程中，通过教师有目的的挖掘和引导，学生在动手操作的同时动脑思考，从实例中发现归纳规律，获得知识。

2. 操作体验，建立关联，理解除法意义

（1）经历分物过程，为学习除法提供活动经验

除法的本质是“分”，除法意义的学习必须建立在分物的基础上。在学生经历了前三节课“分桃子”“分苹果”“分糖果”等一系列有层次的平均分物活动后，教师设计了“分香蕉”的活动。教师为学生提供了两个前提条件：一是 12 根香蕉，二是每份分得同样多，要求学生根据这两条线索呈现多种平均分的方法，如 5-5 所示。

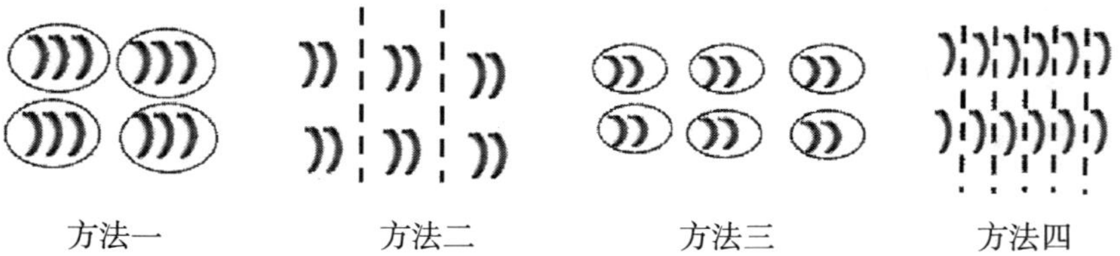

图 5-5　分香蕉的 4 种方法

接下来的学习任务与以往不同。因为学生已经具备了分物经验，所以这里不再像前三节课那样让学生描述每一次具体的分物过程，而主要是让学生观察、分析、对比这几种分法的异同，并试着将这几种方法进行分类。由于每个学生内在的学习经验不同，在分的过程中选择的方法就会不同。有的学生先想每份分几根，再想 12 根香蕉能分成几份；有的学生先想要把 12 根香蕉分成几份，再想每份分几根香蕉……这些方法反映的是学生内在的经验基础及学习倾向。虽然暴露出来的个别经验不同、操作过程不同，但学习过程所蕴含的道理是一样的，都是将一个整体分成若干相等的部分。经过学生的动手操作、观察、分析，在教师的引导下，学生会主动归纳得出一般规律，这个教学过程也为接下来除法算式的抽象做了很好的铺垫。

（2）提供归纳载体，将“分”与“除法”建立联系

在经历多个“分一分”的个别案例后，学生已经发现并能主动归纳出分的一般规律：都是将一个整体分成若干相等的部分。怎样将这个过程进一步数学化，从而抽象出除法算式，将“分”与“除法”建立起联系，

进而更好地理解除法的意义呢？归纳教学必须提供归纳的载体，要将原有的数学活动经验进一步物化成具体的图像、符号，让学生通过回顾、对比，梳理发现不同的分物过程中所蕴含的除法意义。在教学中，教师为学生设计了直观可视的数学连环画，清晰地呈现出实物操作、表象操作和抽象操作的过程。如图 5–6 所示，这样的连环画将分物故事、分物过程、除法算式对应并联系起来。有了这样的载体，教师可以很容易地引导学生抽象、归纳出除法算式。

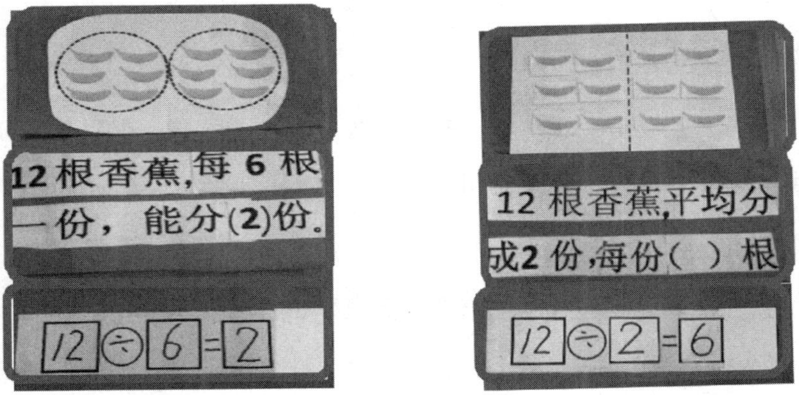

A　　　　B

图 5–6　数学“分一分”连环画

师：能不能用简单的数学符号来表示这样分一分的过程呢？

生：有，可以用除法。

师：真了不起，你还知道除法！

师：谁能试着用除法来表示这样分一分的过程？

生：第一幅图可以用 12÷6=2 来表示。

生：第二幅图可以用 12÷2=6 来表示。

师：真不错！

这时虽然只有个别学生知道除法算式，但大多数学生通过这样的数学连环画能初步体会到分一分的过程还可以用简单的除法算式来记录，感受到数学符号的简便性。接着教师会适时提问："这两幅连环画有什么共同的地方吗？你能找到它们的相同之处和不同之处吗？"学生们又会主动地观察、思考连环画之间的联系，在对比中发现共性：总数都是12根香蕉，都是把12根香蕉平均分；不同之处是"第一幅图是先确定每份分6个香蕉，再想能分成2份"，"第二幅图是先确定分2份，再想每份要分6个香蕉"。这时教师将两个除法算式中的12、6和2分别与分一分过程中的总数、份数、每份数相对应，也就是让学生将分一分的过程与除法算式的每一部分所表示的意义相对应，进而明确了除法的意义，并将"分"与"除法"建立起联系。

（执笔人：孙莹、脱中菲；研究团队成员：赵艳辉、脱中菲、孙莹、王猛、赵佳欣、郭洋洋、尹斯琦）

五、数学学科三年级"混合运算"单元教学案例

（一）内容的选择及其依据

1. 内容分析

四则混合运算是小学阶段培养学生运算能力的重要课程内容，是解决现实生活问题的基础。小学阶段的四则混合运算不超过三步，而三步计算是对两步计算法则的简单拓展，因此两步四则混合运算的教学是小学阶段培养学生运算能力的关键。

北师大版教材三年级上册"混合运算"单元系统设计了乘加、乘减、除加、除减和带有小括号的混合运算，是该教材运算顺序内容最为集中的一个单元，其核心目标直接指向学生运算能力的培养。运算能力发展的重要内容是由法则到算理的思考，所以我们期望引发学生"为什么这样算"的思考，使学生在理解四则运算意义的基础上，理解四则混合运算顺序的合理性，从而使运算从操作的层面提升到思维的层面。基于以上

原因和有过程的归纳教学研究的需要，我们侧重对运算顺序教学开展研究，制定了如下教学目标。

知识与技能：会用分步列式或综合列式解决实际问题，理解两步混合运算的意义，掌握运算顺序，体会“先乘除后加减”的合理性以及小括号在混合运算中的作用，正确进行两步混合运算。

过程与方法：在解决现实问题的过程中，初步学会借助直观图等方式，分析、表示数量关系，抽象出混合算式；归纳运算法则，理解运算法则的合理性，经历从特殊到一般的归纳推理过程。

情感与态度：感受解决问题策略的多样性，能有条理地叙述自己的思考过程，逐步积累经验，提高解决问题的能力，激发运用数学知识解决实际问题的兴趣。

2. 有过程的归纳教学对实现单元教学目标的价值分析

归纳推理是小学阶段重要的认知活动和基本的思维形式之一，混合运算顺序是培养归纳推理能力的典型知识载体，教师有意识地进行归纳推理的教学设计，不仅有利于实现本单元教学目标，还可以很好地发展学生的学科素养和创新能力。

（1）经历分析解决现实问题的过程，通过特例感受运算顺序的合理性

运算法则的制定来源于解决现实问题的需要，是为了保证所列的综合算式的计算得数与分步计算相同，所以现实的问题情境是理解运算法则的有力支撑。教学中教师提供真实、丰富的问题情境，让学生在积累解决问题经验的过程中，感受到在每一个特例中，对运算顺序的规定都是源于解决问题的需要，都是合理的。

当然，混合运算顺序这一规则的制定也是数学内部发展的需要，教师可以根据本班学生的实际情况，利用运算的意义说明混合运算顺序的合理性。

（2）经历从特殊到一般的过程，感受归纳运算顺序的必要性

在本单元学习中，学生以解决教师创设的问题为主线索，体会解决问题需要制定必要的运算规则，并在具体的问题情境中对混合运算的顺序进

行初步的猜想。然后每个学生根据自己的生活经验编故事，通过列算式解决问题，从而意识到归纳混合运算顺序对于解决问题是十分必要的。

本单元的教学难点是理解混合运算顺序的合理性。在教学设计中，我们意图引导学生感悟运算顺序法则是基于对一定数量现实问题的分析和理解而归纳出的规律。本单元教学过程的明线是运算法则得出的过程，暗线就是学生经历的归纳推理的过程。有过程的归纳教学的核心就是学生归纳推理能力的培养，因此有过程的归纳教学对达成“混合运算”单元目标起着积极作用。

（二）学情调研与分析

本单元混合运算法则的学习分为两部分，即无括号的两级混合运算和有括号的两级混合运算。为了准确把握学生对此知识接受的程度，我们对我校二年级的两个班级的 76 名学生进行了三次前测，要求学生计算若干道两步混合运算的计算题。统计结果如表 5-8 所示。

表 5-8　“混合运算”单元前测结果

（单位：人）

题目	正确人数	错误人数	
		顺序	计算
① 3+4×5	19	46	11
② 4×5−6	73	0	3
③ 6÷2+1	65	0	11
④ 10−4÷2	8	59	9
⑤（3+4）×6	66	0	10
⑥ 36÷（4+5）	52	12	12

分析题目⑤⑥的数据可以看出，尽管二年级学生此前没有学过有括号的两步混合运算，但他们却自发地将括号内的算式优先计算；而对于无括号的两步混合运算，他们在计算时往往依据之前学习的连加、连

减、加减混合运算的经验，采取从左到右依次计算。这导致在完成测试题目①和④时，分别有 60.5%和 77.6%的学生由于运算顺序错误出现了计算结果错误。

接下来我们开始分析问题情境对学生运算顺序理解的辅助作用。我们为第一次测试题目配了数学故事，从而制作了第二次测试卷（图 5-7A），并对一个班学生进行了测试。具体题目为：“1 袋饼干 5 元，1 瓶果汁 3 元，笑笑买了 4 袋饼干和 1 瓶果汁，应付多少钱?”经统计，有 13 人计算正确，20 人出现了运算顺序错误。这个成绩相比第一次测试时略有提高，但不是特别明显。教师觉得原因在于学生阅读能力较弱，阻碍了他们对测试卷的理解，部分学生不明白算式是从这个故事得来的，二者是一个整体。

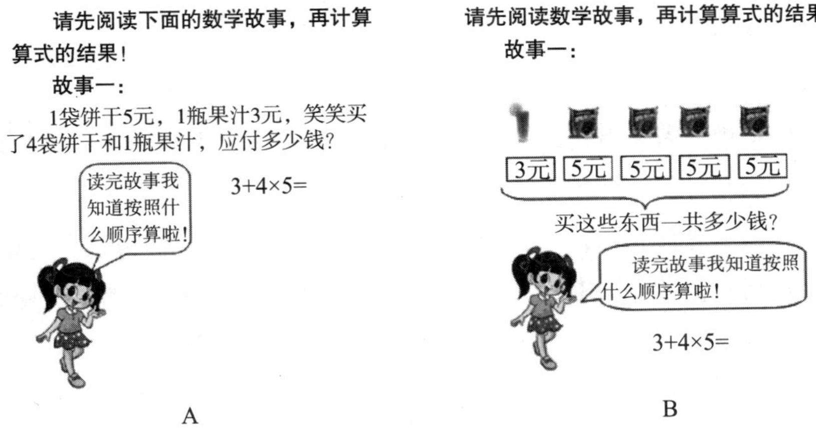

图 5-7　混合运算测试题

为了方便学生理解情境，从而分析情境对运算顺序的支撑作用，我们又将数学故事以图的形式呈现出来（图 5-7B），进行了第三次测试。

经统计，38 人中有 23 人计算正确，正确率明显提高。我们对第一次测试错误但此次测试正确的学生进行了访谈，发现图片对学力水平不同的学生都有明显的帮助，但作用原理不同。学力水平较低的学生，往往将图中数据连加得到正确结果。而学力水平较高的学生，能够通过图片分析出

4×5 表示 4 个 5，它们是一个整体，需要放在一起优先计算。

从调研结果可以看出：第一，对于初次学习四则混合运算规则的小学生来说，带小括号的四则混合运算学习比较容易，无括号的四则混合运算的学习比较困难；第二，对运算顺序的理解离不开情境，而画图对情境进行分析能够大幅度提高学生对运算顺序的理解。这为我们的教学带来启示："先乘除、后加减"的规则不是一教就会的，它需要在真实情境中积累大量的经验；只有理解规则本身的合理性，才能正确运用规则。所以在教学设计时，要引领学生在情境中理解综合算式的意义，感受混合运算顺序与解决实际问题的密切联系，经历归纳的学习过程，体会运算规则制定的意义和价值。

（三）学习材料的选择和任务设计

1. 教材比较

我们对比了人教版和北师大版两个版本教材，发现它们都强调在丰富的现实情境中学习。但是，带小括号的四则混合运算内容的编写差异较大。人教版教材在一年级下册"加减混合运算"中引入了小括号，然后将其拓展到四则混合运算中；北师大版教材在三年级上册"两级混合运算"中引入小括号，然后将其拓展到了四则混合运算中。北师大版教材三年级上册"混合运算"单元同时涉及两级混合运算顺序和小括号的认识两项内容，因此教师开发适宜学生的学习任务，引领学生经历运算顺序归纳的过程，显得非常必要。

2. 单元内容框架

本单元内容见图 5-8。

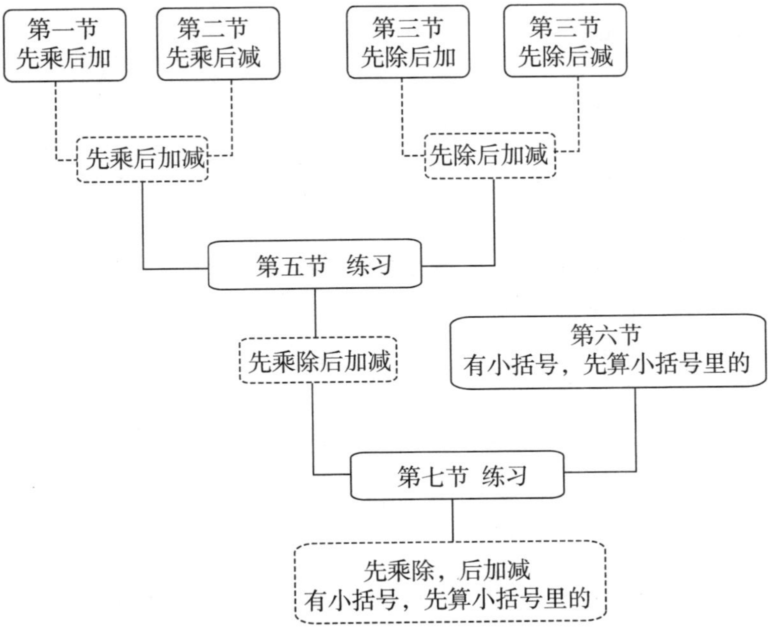

图 5-8　“混合运算”单元内容框架

3. 学习任务设计

本单元学习任务见表 5-9。

表 5-9　“混合运算”单元学习任务

教学内容	学习任务
小熊购物	活动一：1 块蛋糕 6 元钱，1 个面包 3 元钱，胖胖要买 4 个面包和 1 块蛋糕，应付多少钱？在学习卡片上画一画，列算式解决问题。 活动二：把分步算式合并成一个综合算式。 活动三：自己编一个数学问题，解决这个问题的算式必须是一个有加法和乘法的综合算式。 活动四：饼干每包 4 元，壮壮有 20 元，买 3 包饼干应找回多少元？ 活动五：结合小熊购物图，说说每个算式的意思，再算一算。 20−2×7　　5×3+4　　4×6−20

续表

教学内容	学习任务
买文具	活动一：1 本英文本 4 元，3 本作文本一共 18 元，笑笑买了 1 本作文本和 1 本英文本，一共需要多少元？ 活动二：算术本原价每本 3 元，现价 5 本 10 元，每本算术本现价比原价便宜多少元？ 活动三：文具店里的钢笔每支 7 元，淘气上次买了 2 支钢笔，花了 16 元。淘气买的钢笔比现在文具店里的钢笔每支贵多少元？ 活动四：结合上面的情境说说下面算式的意思，并算一算。 3×7+12　　　5−12÷4 活动五：在混合算式中，应该先算什么，再算什么？
过河	活动一：男生 29 人，女生 25 人，每条大船坐 9 人。男女生都坐大船，需要几条船？ 活动二：发明符号，保证算式的运算顺序与解决问题的思路相同。 活动三：每条大船能坐 9 人，每条小船比大船少坐 3 人。如果 54 人都坐小船，需要多少条船？ 活动四：大车限乘 46 位乘客，小车限乘 8 位乘客，一共 70 人，先坐满大车，剩下的坐小车，至少需要多少辆小车？ 活动五：看一看，说一说，用（70−46）÷8 还能解决什么问题？ 活动六：在混合算式中，先算什么，再算什么？

（四）归纳过程的展开

1. 创设探究情境，在解决问题的过程中加深对混合运算顺序的理解

通过创设丰富的现实情境，让学生在解决问题的过程中感悟混合运算顺序制定的合理性。对法则的理解是引导学生进行归纳的基础。

（1）分析题意，寻找等量关系，发展初步的推理能力

学生已经了解了四则运算的意义，并会分析解决需要一步计算的问题。对于需要两步计算解决的问题，教师要引导学生找出中间的条件，将之转化成需要一步计算的简单问题，从而培养学生初步的推理能力。

“小熊购物”是本单元也是北师大版教材三年级上册的起始课，教师细致地引导刚刚升入三年级的学生经历“整理信息—表述题意—分析信息和问题—寻找等量关系”的过程，帮助学生养成良好的思维习惯。

师：根据小熊要买的商品，你能完整地把信息和问题说一说吗？

生：1 块蛋糕 6 元钱，1 个面包 3 元钱，胖胖要买 4 个面包和 1 块蛋糕，应付多少钱？

师：应付的钱数分为哪两个部分？能不能用一个等式表示出来？

生：面包钱+蛋糕钱=应付钱。

这一等量关系是最基本的等量关系，但它和题中的信息并不完全对应。只有先求出来蛋糕钱，将两步混合计算转化为一步的简单计算，才能呈现这一等量关系。这节课的学习是以这一等量关系为线索，帮助学生理解混合运算顺序能够保证无论是分步算式还是综合算式都指向相同的解题思路，获得相同的结果。

（2）将分步算式合并为综合算式，感受混合运算顺序制定的必要性

本单元学习的混合运算顺序针对的是需要两步计算的综合算式。学生之前接触的都是需要一步计算的算式，因此学生在解决问题时，往往采用分步列式的方法。教师利用学生已有经验，引导学生将分步算式合并为综合算式，为混合运算顺序的学习做好铺垫。

师：黑板上呈现的是用两个一步算式计算的方法，你能把两个一步算式合起来，变成一个算式吗？

生 1：3×4+6=18，我是把第一个算式和第二个算式直接加起来了。

师：有多少同学的方法和他的相同？谁能再说说你们把两个

算式合在一起后先算什么呀？

生2：我合起来之后先算3×4，先求面包钱。

师：你们太厉害了，自己就完成了把两个一步算式合起来的任务。你们知道吗，这是我们人类经过很长时间的学习和研究才做到的。我们把用两个一步算式解决问题的这种方法叫作列分步算式解决问题，把这种合起来的方法叫作列综合算式解决问题。

师：有没有同学也完成了列综合算式的任务，但形式和他们的不一样？(没有)

师：可不可以写成6+3×4呢？

生3：我认为可以，用面包的价钱加上蛋糕的价钱，和用蛋糕的价钱加上面包的价钱得到的结果是一样的。

生4：不对，放在后面就不能先算3×4了，就得先算6+3了。

生3：不是呀，3×4合在一起表示面包的价钱，它们不管放在前面还是放在后面都应该先算。

师：3×4在这个情境中的意义是什么？

生3：是3个4。

师：你的意思是3×4表示3个4合起来的一个整体，它们应该优先于加法计算。

生3：对！

师：根据刚刚我们的分析，你们觉得将一步加法和一步乘法的算式改写成综合算式后，我们应该先算什么呢？

生5：我觉得应该先算乘法。

在现实的情境下，为了保证综合算式解决问题的思路与分步算式一致，就必须遵循一定的混合运算顺序。当学生写出6+4×3的算式后，教师结合问题的情境，引导学生理解“先乘后加”的合理性，提出“先乘后加”的猜想。

2. 经历多次归纳，螺旋上升，总结出两步混合运算顺序

本单元对混合运算顺序的学习，建立在细化的单元结构基础上，先用4课时分别学习不同类型问题的解决方法，并分别归纳出针对具体类型问题的混合运算顺序；再利用第五课时回顾前面学习的内容，做一次阶段性的归纳，总结出没有小括号的混合运算顺序；最后通过后续学习，归纳有小括号的混合运算顺序。整个归纳过程，逐步深化，结论的得出水到渠成。

（1）从个别到一般，归纳同一类型的混合运算顺序

在“小熊购物”的教学中，学生体会到既有加法又有乘法的混合算式的运算顺序，但仅仅通过几个例子就得到一个数学结论是不严谨的，所以教师设计了写算式编故事的学习任务，请学生仿写乘加的算式。

师：这么多同学都有这样的猜想，认为有乘法又有加法时，要先算乘法，真的是这样吗？想不想验证一下自己的想法？

生：想！

师：今天的作业就是请大家自己编一个数学故事，解决故事中问题列的算式必须是一个有加法和乘法的综合算式。

(第二课时前8分钟汇报故事)

师：谁愿意给大家讲一讲你编的故事？

生1：小熊去超市买东西，买了4包花生和1袋糖果，花生每包7元，糖果每袋5元，小熊一共花了多少钱？我列的算式是4×7+5。

(类似例子举5个左右)

师：我们能不能用一句比较简短的话来总结既有加法又有乘法的混合算式先算什么、再算什么？

生3：先乘法，后加法。

让学生编数学故事，一方面可以调动学生的个体经验，使他们进一步

体会乘加的运算顺序，另一方面在学生汇报过程中呈现的大量事实，也使学生可以验证运算顺序的合理性，让学生初步经历从众多例子中归纳出一般规律的过程。

第一课时“小熊购物”的教学模式一直延续到第四课时，学生积累了大量的解决问题的经验，在第五课时学生归纳出“先乘除、后加减”的运算法则。

（2）应用验证，体会小括号作用，逐步完善归纳结论

在“过河”一课中，学生将归纳的无括号的混合运算顺序法则应用到解决问题情境中时，发现归纳的运算顺序与实际需要发生了矛盾，此时需要对已有结论做进一步补充。

教师出示问题情境：男生 29 人，女生 25 人，一条大船坐 9 人。男女生都坐大船，需要几条船？布置学习任务：列综合算式解决问题。在独立学习 3 分钟后，学生出现了困难。

师：我发现很多同学在完成任务时遇到了困难，进行不下去了。谁愿意把自己遇到的困难跟大家说一说，看看咱们能不能一起找到解决的办法。

生：我先列了分步算式 25+29=54（人），54÷6=9（条），然后把它们合起来了，变成了 25+29÷6。我按照分步计算的思路，想先算加法，可是按照我们之前学习的运算顺序，我需要先算 29÷6，但是 29÷6 除不开呀！

师：其他同学遇到的也是这样的问题吗？

生：是。

师：你们都想先算加法？

生：对！

师：那么我们想个办法让 25+29÷6 的运算顺序发生变化，最终实现先算加法，后算乘法。

学生在独立解决问题的过程中，发现自己期待的运算顺序与之前所学的运算顺序法则产生了冲突。学生列出的算式往往是29+25÷6，根据前几节课归纳的结论，有除法又有加法的算式，应该先算除法，这与解题思路不同。为了解决问题，学生发明了各种不同的符号来让加法优先，例如在29+25下面画横线。不管学生发明的符号形式上有什么不同，实质都是为了改变原来规定的运算顺序。这是对原有归纳结论的补充，是归纳思想方法的全面实践。

师：请你们想办法先算加法，再算乘法。谁想好了？

生：我在25+29下面画了横线，我先算画横线的部分。

生：我把25+29圈起来了，我先算圈起来的部分。

生：我用小括号把25+29括起来了，我先算括号里的部分。

师：谁能找到他们三个方法中的共同点？

生：他们都是用一个符号标注出了要先算加法。

师：你们又完成了一个很伟大的发明。我们在将分步算式改写成综合算式时，要先乘除后加减，但由于解决一些具体问题需要先算加减，人类经过长时间的研究，发明了括号，要求先计算括号内的算式。

师：既然这个方法这么好，我们能不能在原来学的算式里也用一下呢？比如第一节课我们学习的3×4+6，是不是应该写成（3×4）+6？

生：我们原来就规定了先算乘法，不写括号也是先算乘法，乘法外面的括号就多余了呀。

师：也就是说这么写的缺点是——？

生：不简单，麻烦。

师：通过这次的学习，我们可以感受到归纳总结规律往往不能一次就完美，可能存在这样那样的不足，我们可以在后续的研究过程中对原有的想法进行不断的修改和补充。

归纳结论往往不是一蹴而就的，需要根据应用的效果加以调整。小学生的年龄特点决定了其对混合运算顺序法则的归纳，必须以教师提供的丰富情境为载体，在解决问题的过程中，不断地积累经验，经过多次归纳，逐层深化，最终在理解的基础上归纳出较完整的混合运算顺序的法则。

（执笔人：王丹、王春英；研究团队成员：王艳玲、王春英、王丹、马炳清、顾思、于雪）

六、数学学科三年级“乘法·两位数乘两位数”课例

（一）内容的选择及其依据

1. 内容分析

“乘法”是北师大版教材三年级下册第三单元的内容，它借助简单的数量关系学习两位数乘两位数（如 12×14），两位数乘整十、整百数（如 12×400、120×40）的计算方法。此内容是在学生学习了两、三位数乘一位数（如 12×3、118×5、600×9）的基础上进行教学的，其核心在于运用一位数乘法的算理解决两位数乘法的计算问题。在自然数集合上，乘法是加法的简便运算，交换律与分配律是乘法运算的基本原理。乘法运算学习的重要价值之一在于发展学生的运算能力。所谓的运算能力，主要是指能够根据法则和运算律正确地进行运算的能力。培养运算能力有助于学生理解运算的原理，寻求合理简洁的运算途径解决问题①。要在乘法运算的学习中发展学生的运算能力，需要学生对算理的深度理解，并在此基础上掌握算法。“应当把算理理解为运算的本质，即运算与算理等价。”② 这就意味着，运算的过程就是运用算理进行计算的过程，算法只是算理呈现的一

① 中华人民共和国教育部．义务教育数学课程标准（2011 年版）［S］．北京：北京师范大学出版社，2012：6.

② 史宁中．基本概念与运算法则：小学数学教学中的核心问题［M］．北京：高等教育出版社，2013：27.

种形式，理解了算理，就能运用一种原理计算各种不同的题目。

2. 有过程的归纳教学对实现该内容教学目标的价值分析

（1）从特殊到一般，进行算理与算法统整的数学表达

乘法运算的基本原理是进行乘数的分解：既可以分成两个数相乘的形式，也可以分成两个数相加，再与另一个乘数相乘的形式。乘法分配律与乘法交换律是乘法运算的本质。要实现算理理解与算法运用的整合统一，需要将思维的过程与计算的过程同步。比如，计算 2×70 时，如果仅思考 2 乘 7 个 10，计算时先算 $2\times7=14$，然后在乘积的末尾添一个“0”，就没有实现算理与算法的有机统一；只有写成 $2\times70=2\times7\times10=14\times10=140$ 的形式，才能实现算理与算法统整的数学表达。为此，在学习两位数乘整十、整百数时，有必要让学生经历由特殊到一般的归纳过程，即由具体的算理运用到抽象的数学表达过程。

（2）从直观到抽象，经历用图示、表格、竖式记录算法的过程

通过分解乘数进行乘法运算是理解乘法算理的核心。在直观图示的基础上运用列横式、列表格、列竖式记录乘法拆分计算的每一步，就能够清晰呈现分别相乘的道理，体现了由简单到复杂的过程。其中最为高级的是列竖式计算，它是最方便、最快捷但也最抽象的方法。为此，有必要让学生经历由点子图到列表格，再到列竖式计算的过程，在体验数的拆分与乘法意义的基础上，理解乘法分配律的运用，最后归纳概括出一般的结论，也就是计算的一般方法，实现算理与算法的统一。

基于此，确定了以下单元教学目标。

第一，在探索两位数乘整十、整百数的过程中，了解一位数乘整十、整百数的算理，经历推理转化的过程，借助乘法意义与数的分解，归纳出一般的计算方法并能正确计算。

第二，在探索两位数乘两位数的过程中，经历“直观图示—表格记录—竖式记录”的抽象过程，归纳概括出依据乘法分配律进行运算的一般原理，掌握计算方法并能正确计算。

（二）学情调研与分析

乘法学习的关键在于对算理的理解。能否正确计算，能否将已经学习的计算方法应用到新的计算问题中来，反映的是学生的运算能力。为此，我们对学生进行了前测，选择32名学生作为前测对象。

1. 对计算方法的掌握

从调查结果（表5-10）可以看出，学生基本上能够正确计算已经学过的一位数乘两、三位数的计算题。在计算方法的运用上，有23人选择了列竖式计算，有7人选择将数拆分后再计算。学生算法掌握较好，但方法比较单一，主要以竖式计算为主。

表5-10　学生对计算方法的掌握情况

题目	正确（人）	错误（人）
30×6	30	2
6×200	31	1
12×4	32	0
48×5	26	6
256×3	28	4

2. 对算理的理解

从调查结果（表5-11）可以看出，学生虽然能够运用拆分数或列竖式等方法正确计算结果，但对于算理的解释存在一定的困难。只有部分学生能够清晰解释计算的道理，也就意味着学生只知道用各个数位上的数与一位数相乘，但乘得的数是什么意思不太理解。

表5-11　学生对算理的理解情况

问题：淘气不会计算30×6、12×4、256×3，你能不能通过画一画、写一写的方式，向他解释这么计算的理由。		
题目	解释正确（人）	解释错误或没有解释（人）
30×6	10	22

续表

题目	解释正确（人）	解释错误或没有解释（人）
12×4	22	10
256×3	19	13

3. 运算能力的发展

从调查结果（表5-12）可以看出，对于还没有学习的两位数乘两、三位数乘法试题，能够运用乘法分配律这一计算原理解决问题的只有为数不多的几人。而且计算正确的学生全部使用的是拆分数的方法，即将其中一个数拆分成几十加几，再分别与另一个数相乘，结果相加。乘法运算学习强调学生运算能力的培养，其核心表现是能够借助计算的原理处理各种不同问题。可见，绝大多数的学生还没有形成良好的运算能力。

表5-12　学生运算能力的发展状况

题目	正确（人）	错误或没有计算（人）
26×18	6	26
130×40	5	27

基于以上分析，我们认为，学生虽然已经学习了列竖式计算一位数乘两、三位数的乘法，但列竖式计算掩盖了乘法拆分相乘的算理，导致其面临新的问题时不能有效转化。也就是说，学生没能掌握通法通则，即乘法的分配律与交换律在乘法中的运用。学生在以往学习乘法运算的过程中，把算理仅仅理解为支撑算法的道理，道理讲通了，只记住算法就直接计算了。随着时间的推移，学生对算理逐渐淡忘了。

（三）学习材料的选择与任务设计

1. 不同版本教材编写特点比较

为了全面了解这部分知识的编写特点，我们对北师大版教材、日本教材进行了比较，结果如下。

（1）不同版本教材都比较重视用直观支撑算理

北师大版教材对于两位数乘整十、整百数，直接借助一位数乘整十、整百数的计算方法进行类推，通过算式对比，发现乘数的末尾多一个“0”，乘积的末尾也多一个“0”，在此基础上得出计算方法。日本教材借助直观的信封做支撑，10 个信封一组，从计算一位数乘整十数开始，帮助学生理解一位数乘整十数，可以先乘整十数的计数单位的个数，在此基础上再乘计数单位 10。

对于两位数乘两位数的乘法，北师大版教材借助直观的点子图，呈现计算过程中对数的拆分相乘，并与横式对应；日本教材则始终坚持用直观的信封做支撑，借助直观理解数据的分解、相乘的道理。

（2）强调算理理解的横式记录，最后抽象竖式方法

在理解算理的过程中，日本教材特别强调借助乘法式子记录拆分的过程，也就是把 12×14 拆分成 12×10 和 12×4，帮助学生理解算理，在此基础上列竖式进行计算；北师大版教材在借助直观理解算理的基础上，也用列算式记录拆分的过程和结果，在此基础上又对拆分的记录方式予以优化。两个版本教材均将竖式作为最后抽象出的计算方法。

由此可见，不管是哪个版本的教材，都十分重视算理的直观呈现。先借助直观图示理解乘法运算的道理，在此基础上进行列竖式的理解与运用。而且，日本教材为了保证数位的对齐，使用了在方格中列竖式的做法。为此，在教学这部分内容时，我们以北师大版教材为蓝本，突出算理的直观呈现，在运用多种方法的基础上优化列竖式的计算方法。

2. 学习材料的选择

（1）借助人民币图示和点子图作为算理的直观支撑

学生对乘法算理的理解需要借助直观的图示做支撑，教材中对于两位数乘整十、整百数，是按照发现规律的思路设计的。每个题目都给出了一个算式，通过一组算式，让学生发现乘数与乘积变化的规律。这样的呈现方式，只能让学生直观感受到乘数的末尾添一个

“0”，乘积的末尾也添一个“0”的简约算法，不利于深度理解算理。为此，我们以 10 元、100 元人民币图示做支撑，帮助学生理解 12×40、12×400、120×40 的算理，并抽象出形如 12×40＝12×4×10＝48×10＝480 的计算方法。

教材中对于两位数乘两位数，以列队表演为问题情境，在此基础上借助点子图来支撑乘法的算理。学生在计算与圈画的过程中，自然经历乘数拆分相乘的过程，并将每步拆分计算的过程用乘法横式做记录，这对于理解乘法算理非常有必要。

（2）借助列表格和列竖式来记录乘法计算的过程

乘法算理的核心在于对乘数的拆分，在此基础上运用乘法分配律与交换律进行运算。学生在借助点子图理解拆分原理的基础上，可以用多种方法记录计算过程，包括横式分步计算、列表格计算、列竖式计算。各种不同的计算方法的算理只有一个，就是拆分乘数。要想帮助学生深入理解乘法算理，就有必要加强各种计算方法之间的联系，进一步明确和理解乘法算理的意义。为此，要借助列表格和列算式的方法帮助学生理解算理，并在沟通彼此之间联系的基础上，归纳提炼简约的计算方法。

3. 内容框架及任务设计

首先，归纳连乘的数学表达。针对已经学习的 2×40、2×400，让学生解释计算的方法与道理。借助具体直观的人民币图示，理解计算道理，抽象出 2×40＝2×4×10＝8×10＝80 的数学表达。在此基础上依次探索 12×40、12×400、20×40、120×40 的计算方法与道理，在对话与省思的过程中得出一般结论。

其次，以解决队列表演中的问题为线索，探索 14×12、26×21 的计算方法与道理。借助直观的点子图，通过圈画进行乘数的拆分，并用乘法横式记录每一步的计算过程，在对比分析中理解每一种拆分方法的优势与不足。

再次，结合拆分的不同情况，列表格记录计算的过程，对表格记录的不同方法进行比较，理解乘法运算拆分相乘的算理。

最后，结合拆分的不同情况，列竖式记录计算的过程，并实现点子图、列表格与列竖式的对应，明确每一步相乘计算的是什么，深入理解乘法运算拆分相乘的算理。

（四）归纳的过程

归纳主要从两个方面展开。一是运算道理的归纳。学生在具体运算的过程中不断通过直观图示归纳出乘法运算就是拆分乘数，分别相乘，其本质是运用乘法分配律与交换律。二是计算方法的归纳。从点子图直观呈现到用列横式、列表格、列竖式的方法记录计算的过程与结果，实现由简单到复杂的归纳。

1. 从特殊到一般，理解一位数乘整十数的算理，归纳一般算法

（1）借助直观的人民币图示理解算理、归纳算法

师：同学们，我们已经学习了一位数乘整十、整百数，比如2×40、2×400，你们知道得数是多少吗？自己试着算一算。

（学生独立计算，完成学习卡片。然后教师组织汇报。）

师：谁来汇报一下结果？

生：2×40=80，2×400=800。

师：能把计算的过程说明一下吗？

生：2×40，我先算2×4=8，然后在8后面添个0，就是80。

师：在8后面添个0，是什么道理？

生：40相当于4×10，2×40我们先算2×4=8，然后再算8×10=80。

师：他是这样解释的，还有不同的想法吗？

生：2×40相当于2个40，也就是80。

师：谁能结合下面的图来讲一讲？

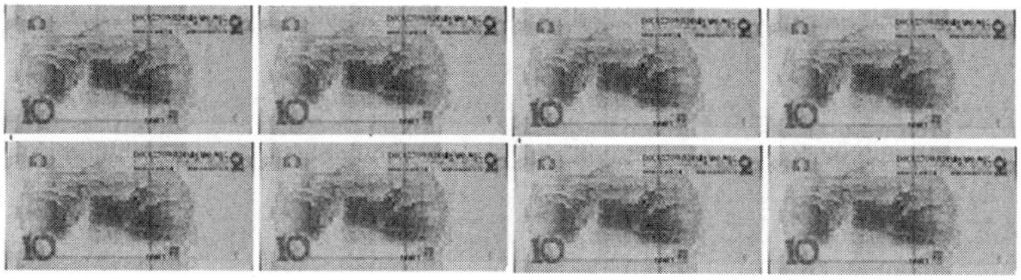

生：40 相当于 4 个十，2 乘 4 个十，也就是 2×4 个十，还是 8 个十。

师：如果把你们的计算过程进一步表示的话，是不是 2×40=2×4×10=8×10=80？

师：那 2×400 呢？

生：2×400=2×4×100=8×100=800。

师：类似这样的一位数乘整十、整百数，你们能自己出几道题，用这样的方式算一算吗？

教师通过让学生计算已经学过的一位数乘整十、整百数，帮助学生归纳提炼算理，也就是乘法的意义以及乘法结合律。这里虽然没有提到乘法结合律，但是利用数的位值制解释了 40 也就是 4 个十，2×40 也就是 2 乘 4 个十，也就是 8 个十。解读这一计算方法的道理，为学生深度理解乘法算理做了很好的铺垫。

（2）借助归纳得出的算理与算法，解决新的问题

师：同学们，既然一位数乘整十、整百数你们都理解了，也能正确计算了，那我们来看新的问题：12×40，12×400。不是一位数，而是两位数乘整十、整百数，你们能算吗？你们可以先试着算算 12×40，看看有什么好办法？

（学生独立在本上计算。）

师：谁愿意来汇报一下你的计算结果以及计算过程？

生：12×40，我先算的是 12×4=48，然后用 48×10=40。

师：把计算的过程写完整是什么样的？

生：12×40＝12×4×10＝48×10＝480。

师：那 12×400 呢？

生：12×400＝12×4×100＝48×100＝4800。

此环节计算两位数乘整十、整百数，学生直接运用了一位数乘整十、整百数的方法，不同的是将两位数直接与整十、整百数的单位个数相乘，然后再乘计数单位。

师：如果这个两位数不是 12，而是 20 呢？20×40 怎样计算？

生：20×40＝20×4×10＝80×10＝800。

生：20×40＝2×10×4×10＝2×4×10×10＝8×10×10＝80×10＝800。

师：如果是 120×40 呢？

生：120×40＝120×4×10＝480×10＝4800。

生：120×40＝12×10×4×10＝12×4×10×10＝48×10×10＝4800。

面对新的情况，学生将原有的乘法计算原理进行了进一步运用，加深了对算理的理解，并积累了一定的经验。

（3）归纳提炼，概括算理与算法的关系

师：我们整理一下，通过前面的运算，你有什么发现？

生：当乘数中有末尾带 0 的情况时，可以将 0 前面的数相乘，再在乘积的末尾添 0 就行了；乘数末尾有几个 0，乘积的末尾就添几个 0。

师：算的时候我们确实可以这样做，但是添 0 是什么道理呢？

生：相当于把整十、整百数的计数单位的个数相乘，然后再用计算的结果乘上计数单位 10 或者 100。

在学生充分体验的基础上，归纳概括两位数乘整十、整百数的计算方法，以及支撑计算方法的算理。在自然数集合内，乘法运算就是对不同数位上的计数单位的个数进行运算，再乘计数单位。

2. 从直观到抽象，不断理解乘法运算的原理，归纳计算方法

（1）借助点子图理解算理，归纳算法

在计算 14×12 这道题的过程中，学生利用点子图产生了不同的计算方法。

生：大家看下面的图，先算 $14\times10=140$，再算 $14\times2=28$，最后算 $140+28=168$。

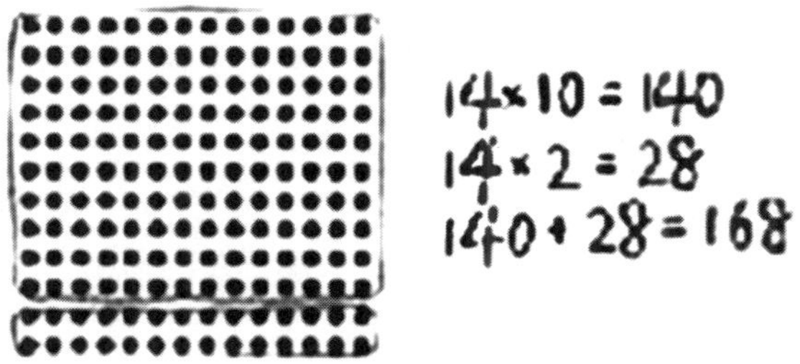

师：怎么不把 14×12 算成 14×10×2 呢？

生：因为 $12\neq10\times2$，$12=10+2$。

师：有没有用乘法来算的？

生：大家看下图，我是这样计算的：$14\times12=14\times6\times2=84\times2=168$。

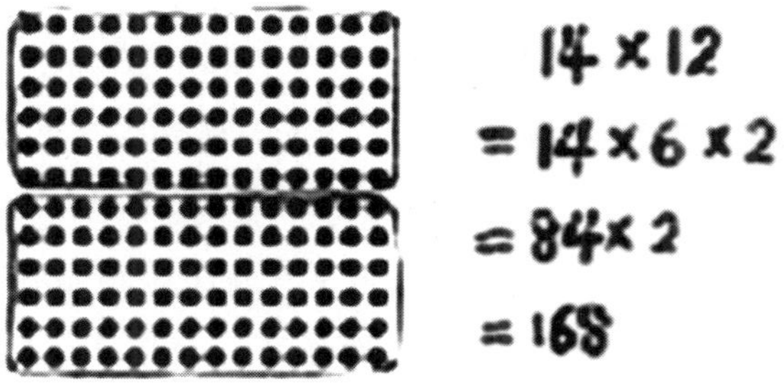

师：还有不同的吗？

生：$14\times12=14\times10+14\times2=10\times10+4\times10+10\times2+4\times2=100+40+20+8=168$，像下面的图。

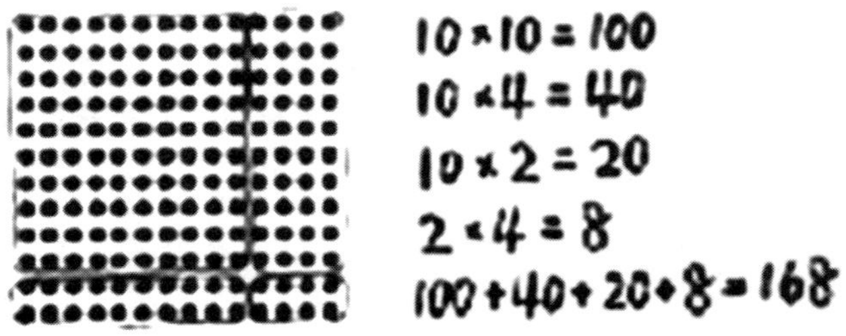

师：你的这个方法与上面的方法相比有什么不同？

生：分得更细了，把 12 和 14 分别分成了整十数加一位数，之后再与另一个数相乘。

师：同学们看懂他的图示了吗？与点子图对应的计算过程看懂了吗？

生：懂了。

师：能不能针对这三种不同的计算过程与思路，说一说你的看法？

学生在小组内讨论，发表意见，然后教师组织小组汇报。

师：哪个小组汇报一下讨论的结果？你们对不同的计算方法有哪些利弊分析？

生 1：我们小组认为用加法比较好，因为加法可以计算整十数的情况，这样算起来比较方便。

生 2：我们喜欢用连乘法来算，因为分解成一位数乘一位数，就能口算。

生 1：用连乘法虽然也能算，但是遇到大的数就不行了。连乘法其实也是加法，只不过每个加数相同。

师：看来你们倾向于把数分解，然后分别相乘。对最后一种情况，你们怎么看？

生 3：最后一种情况就是分得太细了，如果能够算出来就不用继续分了。

通过直观的点子图，学生结合自己的理解列出拆分数的不同思路与方法，并结合图示，进行了计算。拆分的过程也就是一个利用乘法分配律进行运算的过程。

（2）借助列表格，记录计算的过程与结果，进行算法与算理的第二次归纳

师：刚才我们针对同学们的三种计算思路进行了讨论。我们在学习两、三位数乘一位数的时候（如 14×2），学过用列表格的方式来进行计算，你们能不能也将 14×12 的计算过程与结果借助表格展示出来呢？请同学们试着做一做。

……

师：请同学们分别介绍一下列表格计算的过程。

生 4：计算 14×12，把 12 分成 10+2，在表格中的列项上写出 10 和 2，然后分别计算 14×10 与 14×2，结果填在表格里，再把它们的积相加。

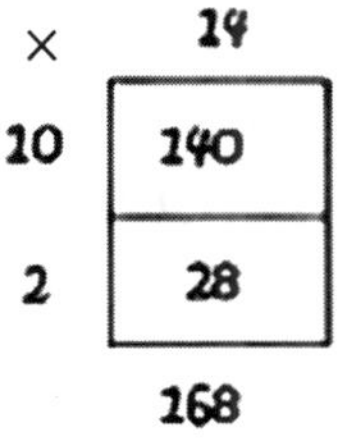

生 5：计算 14×12，把 12 分成 10+2，在表格中的列项上写出 10 和 2，然后再把 14 分成 10+4，在表格的横项上写出 10 和

4；分别计算 10×10、10×4、10×2、4×2，结果填在表格里，再把它们的积相加。

×	10	4	
10	100	40	140
2	20	8	28
			168

师：由此可见，把每个数分解成整十数与个位数，算起来方便一些。

列表格计算的过程也是将乘数进行拆分的过程。无论是拆分一个数还是拆分两个数，均有直观的点子图予以支撑。学生在举例的过程中，能够感悟出哪一个方法更方便、更简单。

（3）利用列竖式进行计算，归纳算理、算法

师：我们在计算两、三位数乘一位数的时候，学习了列竖式计算。现在乘的是两位数，你能不能列出竖式来记录计算的过程与结果呢？可以结合我们列表格的计算将竖式写出来。

学生列出了下面的竖式。

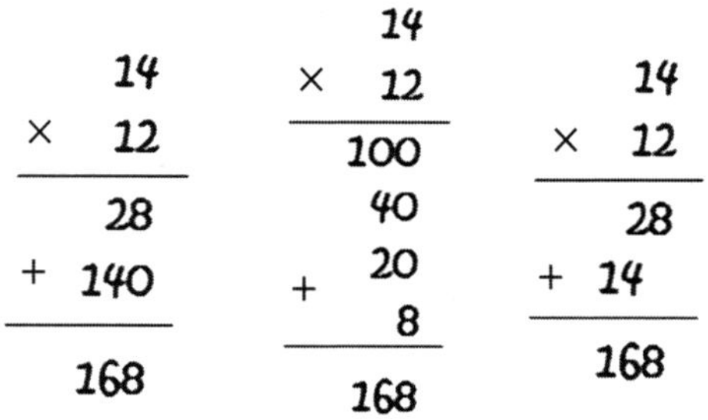

教师组织学生进一步说明竖式计算每一步表示的含义，并进行对比分

析，逐渐归纳概括竖式的最简形式。列竖式计算的过程是乘法计算最为抽象的过程，是将乘数拆分的过程隐含在计算的每一步中。这常常导致学生机械计算，最为直接的后果是在计算的过程中出现运算顺序的混乱，不清楚每一步计算的含义，使数据失去了原有的意义。

经历了从点子图、列表格到列竖式的计算过程，学生在直观体验的基础上能够理解乘法算理的核心，也就是乘法分配律与交换律，这样学生就能够在理解算理的基础上进行运算。

（执笔人：刘艳平；研究团队成员：刘艳平、龚敏、朱鹏飞、李懿轩、郭嘉、田明玉、史云涛）

七、数学学科四年级“等量关系”课例

（一）内容的选择及其依据

1. 内容分析

“等量关系”是北师大版教材四年级下册第五单元“认识方程”中的内容，属于“数与代数”领域。《义务教育数学课程标准（2011 年版）》对此内容的学习提出了明确的要求：“结合简单的实际情境，了解等量关系，并能用字母表示。”史宁中教授认为：“方程的本质是描述现实世界中的等量关系。”① 可见，等量关系的学习在方程学习中占有重要的地位。北师大版教材很重视这部分内容，把等量关系列在用字母表示数之后、方程之前进行教学，从等量关系的角度认识方程，力求发展学生的符号意识和模型思想。

2. 有过程的归纳教学对实现该内容教学目标的价值分析

“关系”“等量关系”这些概念对于学生来说比较抽象。学生不仅要

① 史宁中．基本概念与运算法则：小学数学教学中的核心问题［M］．北京：高等教育出版社，2013：37.

理解什么是等量关系，还要能够从具体情境中抽象出等量关系，并用简单的文字和符号表示出来。这既是抽象概括的过程，也是初步符号化的过程。这一内容对于小学生而言难度比较大，需要经历一个从个别到一般、从具体到抽象的归纳学习的过程。

（1）从特殊到一般，建立等量关系的表象

课堂上给学生提供丰富的现实情境，在具体情境中引导学生体会从不等到相等、从直观的相等到抽象的相等，建立等量关系的表象。

（2）从直观到抽象，经历抽象等量关系方法的归纳过程

引导学生从已有经验出发，借助天平直观理解等量关系，画图找等量关系，在已有数量关系的基础上构建等量关系，等等。这些方法的共同点在于寻找并表示相等的关系。

实施有过程的归纳教学，达成以下目标：

第一，借助具体情境建立等量关系的表象，归纳抽象等量关系的方法，找出等量关系。

第二，经历在现实问题中抽取等量关系的过程，积累将等量关系初步符号化的活动经验，提升归纳思维能力。

第三，在丰富的问题情境中感受生活中存在着大量的等量关系，体验数学与生活的密切联系。

（二）学情调研与分析

建立方程模型的核心是将问题中的等价（量）关系形式化、符号化或数学化，方程思想的关键是用数学的符号把要说的话（即两件等价事情）表达出来①。可见等量关系的构建对于学生的方程学习至关重要。四年级的学生对相等理解到什么程度呢？学生构建等量关系的难点在哪里？为了解这些问题，我们对学生进行了前测，随机选择班级 44 名学生作为前测对象，调查结果如下。

---

① 邵光华．作为教育任务的数学思想与方法［M］．上海：上海教育出版社，2009：160.

1. 对相等的理解

从调查结果（表 5–13）可以看出，学生初步积累了一些关于相等的经验。对相等的理解主要集中在数和量上，而对量的理解，主要集中在质量上；能用式子说明相等的学生是比较少的。而本节课要引导学生把对相等的理解从量的相等扩充到式的相等，并以此为基础构建相等关系。

表 5–13　学生对相等的理解

问题：你认为什么是相等？请你举个身边的例子说一说。					
项目	只用质量说明相等	用不同的量说明相等	用数说明相等	用式子说明相等	不理解
比例（%）	50	11	17	11	11

2. 对数量关系的描述

从表 5–14 中可以看出，在描述数量关系时学生更倾向于使用图，不太喜欢或不擅长用式子描述。因此，将等量关系抽象成式子也是本节课教学的重点。

表 5–14　学生对数量关系的描述

问题：淘气身高 153 厘米，笑笑比淘气矮 18 厘米，请用你喜欢的形式表示淘气和笑笑的身高之间的关系，不用计算。			
项目	画图描述数量关系	用式子描述数量关系	不会
比例（%）	92	5	3

3. 对数量关系的抽象

经过近四年的学习，学生积累了一些解决问题的经验，初步掌握了分析问题、从问题情境中抽取数量关系的方法。同时，也归纳概括了一些基本的数量关系，如“单价×数量＝总价”“时间×速度＝路程”等。这些为学生构建等量关系奠定了良好的基础。不过，学生思考更多的是已知条件与所求结果之间的联系，以及怎样才能快速得到具体、确定的结果。而等量关系的学习首要的不是寻求问题的答案，而是在抽象数量关系的基础上构建等量关系，这是算术思维与代数思维的区别。也就是说，算术思维会在一定程度上对学生等量关系的学习产生负面影响。

（三）学习材料的选择与任务设计

1. 不同版本教材编写特点比较

为全面了解这部分知识的编写特点，我们对北师大版、人教版和台湾教材进行了比较。

（1）不同版本的教材都比较重视等量关系的抽象和表达

北师大版教材在“等量关系”这节课中呈现了3个问题串：借助跷跷板初步认识等量关系、用图或式子表示简单的等量关系、找出更复杂的等量关系。台湾教材在第八册和第十册分两次呈现这部分内容，其中虽然没有明确提到等量关系，但是在找未知数之前引导学生依据具体问题情境选择正确的等式，以及尝试用等式描述具体情境中的数量关系。人教版教材虽然没有同样主题的课，但是在认识简易方程时借助天平演示引出等式，从数的等式过渡到含有未知数的等式，为方程概念的引入奠定了丰富的感性认识基础。

（2）多个版本的教材都把天平作为学生认识方程的直观学具

北师大版、人教版教材在呈现等式的性质、解方程这些内容时，都以天平作为直观学具，帮助学生理解等量关系。近年来的教学实践也表明，小学生对以天平为直观形象载体的等式或方程感到新奇、有趣、容易理解。为此，在教学这部分内容时，我们以北师大版教材为蓝本，把天平作为学生理解等量关系的支撑。

2. 学习材料的选择

（1）基于学习内容的抽象性，借助天平构建等量关系

在“等量关系”这节课上，教材首先呈现的是跷跷板的问题情境，虽然很多学生有玩跷跷板的经验，但更多时候，学生体会的是不平衡，很少能体会到平衡。而且这个游戏也不能搬到课堂上来，不利于直接体验和观察。相比较而言，通过在天平两个托盘上放置不同的物品这个真实的问题情境，学生能够直观地感受到由不平衡到平衡、由量的平衡到式的平衡的

过程。这不仅有利于学生构建等量关系，也有利于学生感受找平衡的过程，为后面抽象等量关系的学习奠定了基础。

（2）尊重学生学习起点，丰富等量关系的情境

从前测的结果来看，能用不同的量说明相等的学生只有11%，这说明学生头脑中“相等”的情境并不丰富，或者说，学生不能充分地调取已有生活经验。因此，需要借助现实情境来丰富和调动学生的生活经验。

北师大版教材提供了两个问题情境，分别承载着不同的学习任务。首先借助跷跷板游戏情境让学生认识等量关系，然后借助“比身高”情境让学生尝试描述等量关系以及解释复杂的等量关系。由于“比身高”情境涉及三个人之间的身高关系比较，对学生来说比较复杂。为此我们决定在此基础上略加调整。一方面分散“比身高”情境中的难点，先呈现姚明和妹妹之间的身高关系，把姚明、妹妹、笑笑三个人之间的身高关系放在巩固练习中处理；另一方面进一步丰富问题情境，除了保留姚明和妹妹比较身高的情境外，还增加了长方形长、宽、面积之间的等量关系以及故事书的单价、数量、总价的等量关系。这两个等量关系学生相对熟悉，难度较小，便于理解。

3. 内容框架及任务设计

第一，学生操作体验并尝试描述等量关系。上课伊始，教师和学生一起做游戏：找一找，神秘礼物和谁一样重。教师给每个小组提供一架天平、一袋神秘礼物和一些不同的物品，请学生用天平称一称、比一比，看一看神秘礼物和哪些物品的质量相同。在比的过程中，理解不等关系与相等关系，感受数量关系从不等到相等的变化过程，认识等量关系。

第二，通过对话引导学生发现抽象等量关系的方法。完成学习任务以后，引导学生展开对话，思考怎样找等量关系，有哪些好办法。

第三，巩固学习，让学生运用方法寻找较复杂的等量关系。继续出示教材“比身高”的问题情境，让学生找一找、写一写，看一看还有哪些量之间存在相等关系。

（四）归纳过程的展开

1. 充分感受相等，建立表象

相等关系是两个数量的一种关系，因此引导学生理解等量关系也要在两个数量关系的背景下进行。在多个比较轻重的操作体验中，学生充分体会不等、相等以及从不等到相等的变化过程，积累相等的经验，建立等量关系的表象。

师：老师今天带来一袋神秘礼物，想看吗？

生：想！

师：除了神秘礼物，老师也带来一些糖果、玩具，还有一个大家喜欢的朋友，是什么啊？

生：天平。

师：接下来我们就借助这几样东西做个游戏。这个游戏的名字是“找一找，神秘礼物和谁一样重”。（教师给每个小组都准备了一架天平、一袋神秘礼物、一些物品）

师：接下来就请大家找一找吧！（学生操作活动略）

师：同学们，我们先玩到这儿，找到神秘礼物和什么一样重了吗？

生：找到了！

师：这么多同学都找到了，你们都试过几次啊？我们先不着急公布答案，谁来说一说你们都试过什么？

生：一袋礼物和一个玩具小车，一袋礼物比一个玩具小车重。

师：“一袋礼物比一个玩具小车重”用一个式子表示，你会想到哪个数学符号？

生：一袋礼物的质量>一个玩具小车的质量。

师：你们接着怎么做了？

生：我又在这边添加了一个骰子，这样就一样重了。

师：两边一样重，用哪个符号表示？

生：等号。

师：也就是一袋礼物的质量=一个玩具小车的质量+一个骰子的质量。(教师板书)

师：其他组的同学呢？你们发现神秘礼物与什么一样重了吗？

生：我们组发现一袋礼物和一个魔方一样重。(教师板书)

生：我们组发现一袋礼物和两个奇趣蛋一样重。(教师板书)

师（一边板书一边提问)：右边 2 个奇趣蛋的质量你想怎样表示？

生：一个奇趣蛋的质量乘 2。

师：对了，我们可以请以前学过的数学符号来帮忙！老师把它写下来：一袋礼物的质量=一个奇趣蛋的质量×2。(教师板书)

……

师：前面我们在玩游戏的过程中得到这么多式子。你们看看它们有什么共同的地方呀？

生：左右两边都相等。

师：对，左右两边相等，中间用等号连接起来，这样就表示出了数量之间的相等关系。像这样表示相等关系的式子，叫作等量关系式。

2. 从直观到抽象，学习建立并表示等量关系

学生借助天平初步认识了等量关系，但是生活中的等量关系还有很多，因此接下来就以天平为线索，指导学生继续理解生活中和数学中的等量关系，积累寻找等量关系的经验。

(1) 以天平平衡为起点，理解等量关系

逐步丰富学生关于等量关系的表象和经验，淡化等量关系的“标志

物”，强化学生对数学本质的理解，逐步构建出等量关系的数学模型。

（2）通过对多对数量关系的学习，学会抽象等量关系的方法

前面学生初步积累了找等量关系的经验，这些经验零零散散地存在于学生的头脑中，怎样让这些经验串联起来，具有一般性呢？这时就需要引导学生开展对话反思。

师：除了刚才游戏中涉及的等量关系以外，生活中还能找到很多等量关系，想不想找一找？我们来看学习任务。

（学生完成学习任务，过程略）

师：有天平的时候，天平平衡意味着两边相等，现在没有天平了，你们是怎么找等量关系的呢？我们依次看一看。

生：等量关系是姚明的身高=妹妹的身高×2。左边是姚明的身高，右边要想和左边相等，就要把妹妹的身高乘2。

师：说得很好，还有补充吗？

生：我写的等量关系是妹妹的身高=姚明的身高÷2。左边表示妹妹的身高，右边要想和左边相等，就要把姚明的身高除以2。

师：再看第二幅图。谁来说一说？

生：等量关系是长×宽=面积，我知道长方形的面积计算方法，所以就写出来了。

师：说得好，看来我们也可以运用以前学过的数量关系来表示等量关系。

……

师（指着学习任务图片）：我们在上面的学习任务中，都找到了等量关系。想一想，怎样找等量关系呢？

生：我们可以借助天平来找。没有天平时，我们可以在头脑中想象出天平。

生：先确定左边表示什么，要想相等，右边也要表示这个量。

师：找等量关系的过程就好比调天平的过程，以姚明和妹妹的身高关系为例，左边表示姚明的身高，右边也要调成姚明的身高，只不过右边姚明的身高要用妹妹的身高来表示。

学生已经在头脑中建立起了天平平衡的表象。这也正如《作为教育任务的数学思想与方法》一书中所提到的："等量关系或等价关系事实上是同一件事情，方程两边的东西是同一件事情的不同角度、不同方面的刻画和写照。"①

（执笔人：修影；研究团队成员：刘仙玲、修影、王敏、阎鑫鑫、吕晶、孟艳娜、赵红、郑艳娜）

八、英语学科三年级"Are you my mum?"课例

（一）内容的选择及其依据

1. 内容分析

本课是英语教材三年级上册第六单元"Me（我）"的第三课时，任务为"Enjoy a story（欣赏故事）"，属于阅读与表演课型。文本的内容是小猫找妈妈。本课的重点是运用句型"My ears/eyes are ....（我的耳朵/眼睛是……）""My tail is ....（我的尾巴是……）"描述身体部位特征，难点是正确运用 be 动词"is"和"are"。《义务教育英语课程标准（2011年版）》把在具体语境中理解名词的单复数形式，并在实际运用中体会其表意功能确定为二级语言知识目标。be 动词是小学生接触极为频繁的动词形式，也是小学英语学习中的一个重要语法项目。为什么三年级学生学习这一语法项目普遍存在困难呢？原因显而易见，因为汉语中不存在与之对应的语法现象，这导致中国学生在理解、接受、运用时都存在一定

① 邵光华．作为教育任务的数学思想与方法［M］．上海：上海教育出版社，2009：160.

困难。

2. 有过程的归纳教学对实现该内容教学目标的价值分析

以往的语法教学都是以教师讲授为主，课堂以教师为中心，教师花费大量时间将语法知识灌输给学生，既没有给学生提供语言情境，也没有给学生提供机会探究、归纳这一语法规则形成的思维过程，因此学生的学习只是套用规则枯燥地操练。语法教学不能违背语言学习的规律，应将语法点呈现在大量的语言学习素材中；否则，最终的结果往往是事倍功半、费时低效。有过程的归纳教学能够给学生提供充足的可理解的语言素材，使学生潜移默化地习得语法，进而推断和分析出语法规则。

小学三年级是学生逻辑思维发展的重要阶段，此时学生已经具备一定的逻辑思维能力，这就使得他们在语言学习过程中能够加深对语言现象的认识。学生对于单复数形式已经有了一定程度的了解，但名词的单复数形式不是以主要的学习内容呈现的。在本课教学中，我们通过有过程的归纳教学使学生学会运用单复数形式描述人或动物的体貌特征，掌握 be 动词“is”和“are”的用法，训练观察、比较、归纳等思维方式。

（二）学情调研与分析

教师对上课班级学生关于名词单复数形式和 be 动词的知识进行了测查。结果发现，77.5%的学生能写出可数名词的复数形式，62.5%的学生能准确搭配 be 动词的三种形式。通过进一步访谈，发现普遍存在 be 动词运用不准确的现象，仅有 22.5%的学生能准确说出含有 be 动词的英语句子，多数学生对 be 动词这一语法项目的理解与运用表现出似懂非懂的状态。根据前测和访谈，教师确定本课的教学难点是 be 动词的一般现在时用法。从前测结果中得知，学生对于名词的复数形式掌握得比较好，而对名词单复数形式正确搭配 be 动词“is”或“are”这一知识点掌握得不好，这说明学生没有从本质上理解和掌握这一语法规则。

（三）学习材料的选择与任务设计

由于教材的文本对于我校学生来说过于简单，语言也不够丰富，缺乏趣味性的表达，因此，教师开发了一个符合我校学生学习水平的、更为充实的文本。学生在阅读中比较了不同种类动物的身体部位，在不断复述中自主发现了 be 动词的使用规则。

1. 创设语境，呈现 be 动词语法规则归纳的过程

根据语言习得的规律，语法知识的记忆不能保证语言使用的正确，即使学生已经能背诵语法的规则，也不一定能在实际使用时正确地运用。学习者不仅需要在不同情景及不同语境下反复接触语法规则，而且需要在不同的情境中使用这些固定的表达方式，从而逐渐发展出自己的语言系统。这就要求我们的语法教学更为情境化，使抽象的语法规则可以具象化。语境教学是强调体验的教学。本节课教师从生活语境中切入语法主题，让儿童在语境中运用 be 动词语法规则。

在突破难点时，教师通过布置如下学习任务引导学生先观察、再比较，进而归纳。教师先后设计了学习任务 A 和学习任务 B，学习任务 A 的具体要求如下：

第一，看小动物图片，观察它们的样子。第二，假设你是一只小动物，请说出自己的长相。第三，看滑稽人的外貌，说几个句子。第四，认真读所给例句。

学习任务 B 旨在确认 be 动词的特征。具体要求如下：

第一，在小组内轮流说一说对 be 动词的理解。第二，在小组内用本课句型说出自己的外貌，注意 be 动词的用法。

2. 表演对话，体验 be 动词的真实运用

有过程的归纳教学强调学生是信息加工的主体，是意义的主动建构者，而不是外部刺激的被动接受者和被灌输的对象。教师把对话表演作为语法学习的实践拓展活动，通过环境布置、道具和学具的使用，模拟英语对话的情境，为学生的英语学习提供较为充分的情境刺激和认知引导，提

高语法学习的实效性与趣味性。在本课，教师提供了三个文本供学生自主选择，进行分角色表演，促使学生体验 be 动词的真实运用。学生不是死记硬背台词，而是主动思维、主动实践。

（四）归纳过程的展开

根据儿童的认知特点和英语学科特点，本课重点难点的突破大致分四个步骤，即观察、比较、归纳、运用。

1. 观察

教师通过让学生观察各种小动物、滑稽人的身体部位等活动，使学生明白如果主语的单复数形式不同，所使用的 be 动词的形式就不同，把抽象的语法具象化。

> 师（边演示 PPT 边介绍）：I'm a rabbit. My ears are long. My eyes are red. My tail is short. I'm a monkey. My ears are small. My eyes are small. My tail is long. I'm a tiger. My ears are small. My eyes are big. My tail is long.
>
> 生（边观察图片上的小动物边表达）：I'm a dog. My ears is big.（师：My ears ARE big.）My eyes are big. My tail is long.
>
> 师：Good! Here are some funny men. Which one do you like?
>
> 生：My hair is blue. My eyes is big.（师：My eyes ARE big.）My nose is small. My ears are small.
>
> 生：My nose is big and long. My hair is short. My eyes are small. My mouth is big.

在这一环节中，学生观察课件中的动物图片和随机生成的滑稽人图片，通过大量的实例初步得出语法规则，为下一步比较做好铺垫。

2. 比较

在学生意识到主语不同、be 动词也随之不同这一现象后，教师进一步引导，请学生描述教师的身体部位特征。

师：How many eyes do I have?

生：Two.

师：How many ears do I have?

生：Two.

师：How many noses do I have?

生：One.

师：How many mouths do I have?

生：One.

师：Ok. Who can describe me?

生：Your eyes are big. Your ears are small. Your nose is small. Your mouth is big. Your hair is short.

师：Well done! Thank you.

设计这一环节的目的是启发学生明晰眼、耳等部位为复数，be 动词用“are”；而鼻子、嘴巴等部位为单数，be 动词用“is”。通过观察让学生发现语法现象，使学生对语法的感知进一步深化。学生观察之后，教师进一步提高要求，让学生积极思考比较，进而发现共同特点。在学习过程中，学生一直在参与语言表达，参与的过程就是体验语法规则的过程，也是投入语言学习的过程。

3. 归纳

教师已经引导学生通过观察、讨论区分了 be 动词，接下来通过拼摆板书、归纳提炼等行为进一步得出规则。在这一环节，教师请学生描述自己的身体部位，检验学生是否能够准确地使用 be 动词进行表达。

师：You can describe your English teacher very well. Can you describe yourself?

生：I'm a boy. My hair is short. My eyes are big. My nose is big. My mouth is big, too.

师：You did a great job!

4. 运用

在学生掌握了 be 动词的语法规则后，教师引导学生开展语言实践，提高语言技能。在阅读了改编的课文后，教师又补充了北极熊和小青蛙的文本，请学生选取自己感兴趣的文本分组学习，然后表演。这一过程既是语法规则的习得过程，又是语言的实践过程。

本课实施了有过程的归纳教学，采取观察、比较、归纳、运用四个步骤，让学生从文本阅读中对 be 动词这一语法项目有了充分的感知。学生积极参与，深入思考，大胆归纳，总结出 be 动词使用的基本规则。

（执笔人：金海威、孙维华；研究团队成员：孙维华、金海威、于洋、左春雨、王锦霞、张丹丹、尹顺吉、贺欣、马薇然）

九、道德与法治学科五年级“三级阶梯上的国土”课例

（一）内容的选择及其依据

1. 内容分析

“三级阶梯上的国土”是北师大版教材五年级上册“可爱的祖国”单元第五课时的内容。教材借助中国地形图和文字资料呈现了我国复杂多样的地形特征。为了契合课程综合性、实践性、开放性的性质，本课地理知识的教学需要有机融入爱国主义教育与地理环境教育，注重联系学生的生活实际，引导学生通过体验树立国家意识，了解国情，热爱祖国。该内容的传统教学方式，无法让学生获得直接经验，教师多以讲授为主，教学中缺乏合作探究与自主归纳的思维培养过程。因此，我们改进了学生的学习

方式，使学生摆脱简单的“拿来主义”式的学习，从丰富的体验中自主构建知识，达成学习目标。

2. 有过程的归纳教学对实现该内容教学目标的价值分析

（1）从具体到抽象，为学生提供丰富的活动经验

教师尝试用立体地形图替换平面地形图，让学生通过视觉、触觉等多感官的参与，获得对地形特点的直观感受。而遥感卫星照片、视频等学习资源使学习活动体验变得更加丰富，有利于学生从具体到抽象，建立起地形特点的表象，发展空间思维能力，为初中地理学习打下坚实的基础。

（2）从个别到一般，让学生逐步归纳地形特点

这里的“个别”是指某一个地区的地形特征，“一般”是指由多个典型地区构成的某一个地形的特征。我国地形复杂多样，明确每种地形的特点是归纳我国地形和地势总特征的前提和基础。而每种地形有多个典型地区代表，对每种地形特点的归纳源于学生对多个地区地形共同特点的体会和梳理。有过程的归纳教学就是要让学生对每个地区的地形特点都有所学习和了解，在此基础上通过小组内观点碰撞、交流最终归纳出多个地区的地形共同的特征，让学生完整经历“寻找信息—梳理信息—甄别信息—反思对话—归纳总结”的学习历程。

基于此，我们将本节课的教学目标确定为：第一，通过多种活动，归纳我国五种地形的特点，从而得出“我国地势西高东低，呈三级阶梯分布”的结论；第二，在学习的过程中培养学生合作探究、处理信息、归纳总结、反思对话等能力；第三，激发学生对祖国的热爱之情，产生作为中华民族成员的归属感和自豪感。

（二）学情调研与分析

为了解学生已有的知识和经验基础，研究者对部分学生进行了问卷调查。通过对调查结果的分析，我们发现，学生的地形知识主要是通过旅游、互联网、电视、书籍等途径获得的。仅有 7.6%的学生知道五种地形

的准确名称，26.3%的学生知道三四种地形的准确名称，31.6%的学生对地形名称了解甚少，基本上只能准确地写出一种地形名称。学生最熟悉的地形是平原，丘陵地形是学生最不了解的地形。从学生对地形特征的了解情况来看，多数学生仅是从生活经验以及字面的意思了解地形特征，并能简单列举某一地形的典型地区的名称。比如，关于平原，学生能说出东北平原；关于盆地，学生知道四川盆地；关于高原，学生能说出青藏高原。由于家乡长春地处东北平原，学生对平原的特点最为了解；对高原的认知偏差较大，多数学生认为高原地势是不平坦的；对盆地的海拔认知偏差最大，认为盆地底部海拔一定是低的（实际上，盆地底部海拔没有固定的标准）。可以看出，学生的生活经验容易让他们对地形产生一些迷思概念。

从上述分析可以看出，学生对地形的认知具有碎片化、不系统、一知半解的特点。在地形知识的储备上，学生对我国复杂多样的地形知识缺乏了解。五年级的学生已经具有一定的观察、搜集资料、处理信息、合作学习、解决问题的能力，如果提供直观的立体地形图、剖面图等丰富的资源让学生充分体验，引导学生进行自主的归纳学习，不仅可以达成本课的教学目标，而且有助于学生归纳思维能力的发展。

（三）学习材料的选择与任务设计

由于学生在课堂上难以直接观察到地形，为了积累活动经验，奠定归纳地形特点的认知基础，教师为学生提供了立体中国地形图、遥感卫星拍摄的照片、视频等学习资源。这些学习资源使抽象的知识变得直观、可体验、可操作，有利于学生观察、发现、归纳地形的特点。由于本节课的内容较多，教学时我们采用了大课时（60分钟），具体内容安排见表5-15。

表 5-15　“三级阶梯上的国土”学习任务设计

教学内容	学习任务设计	设计说明
地形的概念	以 5 张遥感卫星图片导入，了解地形的概念与分类	创设情境，提出研究问题
五种地形的特点	(1) 学习两三种地形的特点，得出暂时性结论； (2) 结合学习卡片内容，以高原为例交流归纳方法； (3) 选择除高原之外的一种地形，完善结论，填写彩色卡片； (4) 全班分享学习成果，用符号表示地形特点	(1) 自由选择地形，自主搜集信息、处理信息，为对话省思、归纳概括奠定基础； (2) 初步经历归纳的过程，为归纳最终结论提供支持； (3) 从抽象文字到图形表达，使地形特点符号化
地形对人们生产生活的影响	观看五种地形典型地区的视频	用形象生动的视频来支撑抽象性的结论
我国地形和地势总体特征	师生共同归纳我国地形和地势的总特征，即西高东低，呈三级阶梯分布	局部地形特点的掌握，有利于对我国地形和地势总特征的认知

（四）归纳过程的展开

率性教学强调尊重学生的主体地位，遵循学生的认知规律，教师要为学生提供有效的自主探究条件，使其循序渐进地获得知识。本节课学生经历了四个阶段的学习过程，在此过程中完成知识的自主探究、自主建构。

1. 感官体验，初步归纳

地图资源作为地理学习的重要信息来源，是把抽象的地理知识具象化的重要工具。小组同学通过可观看、可触摸、可查阅信息的立体地形图，参照学习指南（表 5-16）收集与分析证据，把直观体验抽象成暂时性的文字结论，填写白色卡片，在展示区发表。

葨 5-16 β€œδΈ‰ηΊ§ι˜Άζ’―δΈŠηš„ε›½εœŸβ€ε¦δΉ ζŒ‡ε—

ε¦ δΉ ζŒ‡ 南
ε¦δΉ δ»»εŠ‘οΌšε½’ηΊ³ζ€»η»“δΈεŒεœ°ε½’ηš„η‰Ήη‚Ή ε¦δΉ θ¦ζ±‚οΌš οΌˆ1οΌ‰ι€‰ζ‹©δΈ€δΈ‰η§ζ„Ÿε…΄θΆ£ηš„εœ°ε½’θΏ›θ‘Œη ”η©Άγ€‚ οΌˆ2οΌ‰εœ¨η«‹δ½“δΈε›½εœ°ε½’ε›ΎδΈŠζ‰ΎδΈ€ζ‰Ύγ€η œδΈ€η œγ€ζ‘ΈδΈ€ζ‘ΈοΌŒε―Ήζ―η§εœ°ε½’ηš„δΈεŒεŒΊεŸŸθΏ›θ‘Œθ§‚ε―Ÿγ€‚ οΌˆ3οΌ‰ε°η»„ζˆε‘˜η»θΏ‡θ¨θΊοΌŒζ€»η»“ζ‰€ι€‰εœ°ε½’ηš„η‰Ήη‚ΉοΌŒε‘«ε†™η™½θ‰²ε‘η‰‡γ€‚

ε¦δΉ δ»»εŠ‘ηš„θΎθ‘ε…Όι‘ΎδΊ†δΎη…§ε¦η”Ÿε…΄θΆ£ι€‰ζ‹©ε¦δΉ ε―Ήθ±‘γ€θ‡ͺη”±ζŽ’η©Άε’Œη§―ζžε馈三δΈͺ要素。δ»₯δΈ€η»„ε¦η”Ÿηš„ζŽ’η©ΆθΏ‡η¨‹δΈΊδΎ‹οΌŒδ»–δ»¬εœ¨εœ°ε›ΎδΈŠεΎˆεΏ«ζ‰Ύεˆ°δΊ†δΊ”δΈͺη›†εœ°οΌšε‘”ι‡Œζœ¨η›†εœ°γ€ε‡†ε™Άε°”η›†εœ°γ€ε››ε·η›†εœ°γ€ζŸ΄θΎΎζœ¨η›†εœ°γ€ει²ͺη•ͺη›†εœ°γ€‚ζ―δΈͺδΊΊιƒ½εε€εœ°ζ‘ΈδΊ†θΏ™ε‡ δΈͺη›†εœ°ηš„εΊ•ιƒ¨ε’ŒθΎΉηΌ˜οΌŒεΎˆεΏ«θΎΎζˆε…±θ―†οΌšη›†εœ°ηš„εœ°εŠΏη‰Ήη‚Ήζ˜―β€œδΈι—΄δ½ŽοΌŒε››ε‘¨ι«˜οΌŒεƒη›†β€γ€‚ζŽ₯着οΌŒε°η»„εŒε¦ε°±η›†εœ°ηš„ζ΅·ζ‹”εˆ°εΊ•ζ˜―ι«˜θΏ˜ζ˜―δ½ŽοΌŒθΏ›θ‘ŒδΊ†θ¨θΊγ€‚θΏ™ζ—Άε€™ε†²ηͺε‡ΊηŽ°δΊ†οΌŒζœ‰ηš„ε¦η”Ÿθ€δΈΊη›†εœ°εΊ•ιƒ¨ζ΅·ζ‹”θΎƒδ½ŽοΌŒζœ‰ηš„θ€δΈΊζ΅·ζ‹”θΎƒι«˜γ€‚ζœ‰ε¦η”Ÿζθι€šθΏ‡ε›ΎδΎ‹ζŸ₯ζ‰ΎδΈ€δΈ‹η›†εœ°ηš„ζ΅·ζ‹”ι«˜εΊ¦οΌšει²ͺη•ͺη›†εœ°ηš„ζ΅·ζ‹”ζœ€δ½ŽοΌˆζœ€δ½Žε€„θΎΎ-155 η±³οΌ‰οΌŒθ€Œε‘”ι‡Œζœ¨η›†εœ°ε’ŒζŸ΄θΎΎζœ¨η›†εœ°ζ΅·ζ‹”ζœ€ι«˜οΌˆζœ€ι«˜ε€„θΎΎ 3000 η±³οΌ‰γ€‚θΏ™δΈ€δΈͺθ―ζΌζŒ‡ε‘δΊ†δΈεŒηš„η»“θΊοΌŒιšεŽδ»–δ»¬εˆεœ¨εœ°ε›ΎδΈŠε―»ζ‰Ύε…Άδ»–η›†εœ°οΌŒε…ΆεΊ•ιƒ¨ζ΅·ζ‹”ζ•°ζΌη›Έε·ΉδΎη„ΆεΎˆε€§οΌŒζœ€η»ˆε°η»„ε†³εšεœ¨ζ΅·ζ‹”δΈ€ζ δΈοΌŒε‘«ε†™β€œζ— ε›Ίεšθ大围”。ι€šθΏ‡δΈζ–ηš„θ§‚ε―Ÿε’ŒθΊθ―οΌŒε¦η”Ÿθ‡ͺδΈ»ζΆˆι™€δΊ†θ―Ύε‰ε¦ζƒ…θ°ƒζŸ₯δΈε‘ηŽ°ηš„εΎˆε€šε¦η”Ÿε˜εœ¨ηš„β€œη›†εœ°ηš„ζ΅·ζ‹”δΈ€εšζ˜―δ½Žηš„β€θΏ™δΈ€θ€ηŸ₯θ――εŒΊγ€‚

ζœ¬ηŽ―θŠ‚δΈΊζœ‰ζ•ˆηš„ε½’ηΊ³ε¦δΉ ζδΎ›δΊ†δΈ€δΈͺε…³ι”θ¦η΄ γ€‚δΈ€ζ˜―εˆδ½œηš„ηŽ―ε’ƒγ€‚ε¦η”Ÿι€šθΏ‡η›΄θ§‚ηš„δ½“ιͺŒδΈŽι«˜ζ•ˆηš„εˆδ½œζ€»η»“ε‡Ίη›†εœ°ηš„εœ°εŠΏη‰Ήη‚Ήγ€‚δΊŒζ˜―η†ζ€§ηš„ε†²ηͺγ€‚θΏ™ζ˜―ζŽ¨θΏ›ε½’ηΊ³ηš„ε…³ι”γ€‚ζœ‰ε…³ζ΅·ζ‹”ι«˜δ½Žηš„ε†²ηͺοΌŒδΏƒδ½Ώε¦η”ŸθΏ›δΈ€ζ₯ζœι›†δΏ‘ζ―οΌŒδΈζ–εœ°ζ±‚θ―οΌŒδ»Žθ€ŒεΎ—ε‡ΊθΎƒδΈΊε‡†η‘ηš„η»“θΊγ€‚ζ€ε€–οΌŒθΆ³ε€Ÿηš„δΏ‘ζ―ζ˜―ζœ‰ζ•ˆε½’ηΊ³ηš„εΏ…θ¦ζ‘δ»ΆοΌŒε½“ζ‰€ζœ‰ηš„ε°η»„ιƒ½ζŠŠη™½θ‰²ε‘η‰‡εΌ θ΄΄εœ¨δΊ€ζ΅εŒΊζ—ΆοΌŒε…Άδ»–ε°η»„ηš„ε¦δΉ ζˆζžœζˆδΈΊεΈεŠ©θ‡ͺε·±ε®Œε–„η»“θΊηš„ι‡θ¦δΎζΌγ€‚

2. 集体交流，对话省思

归纳探究的实质是信息的加工处理。本环节的设计有助于学生搜集并甄别已有信息，梳理总结，形成较为准确的、全面的、理性的结论。

例如，在高原特征的归纳过程中，出现了两种截然不同的意见。有一组学生对高原特征的描述为：海拔 4000—6000 米，地势平缓（A 组）。而另一组学生对高原特征的描述为：海拔 500 米以上，地势起伏不平（B 组）。鼓励理性的冲突能够有效促进归纳，据此教师给予学生充分的对话与思考空间，请这两组的学生分别阐述自己的结论是如何得来的。

师：请 A 组的同学来说明一下，你们组对高原的海拔范围是怎么界定的？

生（A 组）：我们找到了青藏高原，并查找了图例，经过与图例颜色的对比，认为高原的海拔是 4000—6000 米。

生（B 组）：我们可以提出一个不同意见。我们找到了内蒙古高原，海拔是 500 米以上，不到 4000 米。你们的结论不能包含所有高原，是不对的。

师：你们更同意哪组同学的说法呢？请说明理由。

生：B 组，他们是根据多个高原得到的海拔范围，A 组的范围小了。

师：你说得非常好！要得到准确的结论，我们需要搜集尽可能多的信息。

探究归纳的实质就是信息的加工处理，如果没有足够多的信息，探究就会受阻。在集体交流过程中，教师不断渗透对归纳学习方法的指导。接下来，教师鼓励学生进一步论证，完成对高原地势特点的归纳。

师：海拔的问题解决了。这两组对高原特点的描述也是不同的。请这两组同学分别说说他们的思考理由，好吗？同学们帮着他们分析一下，谁的说法更合理？

生（A组）：我们找到的几个高原，摸起来都感觉很平缓，而且海拔是高出四周的。

生（B组）：你们摸一下云贵高原、青藏高原，尤其是珠穆朗玛峰，根本不是平坦的。

生（A组）：高原是平坦的，你们摸到的珠穆朗玛峰是山地，不是高原。

师：你说得很对，珠穆朗玛峰的地形是山地。我们一起来找一找祖国的四大高原，大家找到了吗？摸一摸，看一看，到底是平坦的还是起伏不平的？

生：是平坦的。我知道为什么B组的同学说高原是起伏不平的了，因为大多数的高原旁边都是山地。

师：你观察得真仔细。我们一起看一看高原与山地是如何相连的，这其中有没有什么特定的规律呢？

搜集足够多的证据会使暂时性的结论在新证据的基础上随时得以修正。学生再次摸立体地形图时，都发现了高原的四周多被山地包围的特点。

师：那我们应该如何描述高原的特征呢？只说“较为平坦”是否全面呢？

生：高原海拔在500米以上，平坦开阔，四周多被山地包围。

生：高原海拔在500米以上，地面起伏小，周围多被山地或悬崖环绕。

通过有指导的探究，学生经历了“归纳—发表—对话—省思—再归纳”的学习过程，对高原的特征归纳得越来越准确、越来越全面，地形知识在头脑中逐步建构，逐步完善。

3. 深入思考，完善结论

根据上述对高原的教学经验，结合全班填写的卡片中已有的信息，教师要求学生从另外四种地形中选择一种，用准确的语言归纳其特点，填写彩色卡片并发布。

任何人都不可能拥有全部的信息，学生对新事物保持开放的态度，是完善归纳结论的内驱力。学生通过不断地对已有信息（全班各组的白色发表卡）进行甄别与梳理、对话与省思，形成全面且成熟的结论，并填写在彩色卡片上。在集体交流彩色卡片内容时，全班同学通过补充或质疑，不断地完善对地形特点的描述。教师重在引导学生用更为准确的语言来描述，得出一般性结论。至此，学生对于地形知识的学习，已经实现从直观感受到理性思考的飞跃。

4. 灵活运用，促进记忆

在学生已经得到完整准确的结论之后，为了使其对地形知识加深记忆并灵活运用，教师设计了这样一个小环节：用符号来表示五种不同的地形。例如，盆地可以用来表示；山地可以用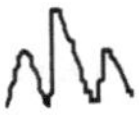来表示；丘陵可以用来表示。

从地形图的观察到地形特点的归纳，从文字语言的描述到图形的直观刻画，学生完成了对地形知识的学习。当学生试着用符号表示五种地形特点的时候，他们已经完成了知识输出，抽象的知识得以具象化、符号化。为了拓展学生的地形知识，教师提供了五种地形的相关视频资料，这丰富了学生的体验，加深了学生的印象，印证了学生归纳出的结论。有过程的归纳学习，让学生对祖国地形总特征的认识水到渠成。

本节课，教师把学习的主动权交给学生，学生通过体验、合作、探究、发现、交流、省思、归纳等一系列学习活动，自主地完成了对地理知识的学习，提升了归纳思维能力，在感受到祖国地形丰富多样的同时，爱国之情油然而生，很好地达成了本节课的教学目标。

（执笔人：任天鸣；研究团队成员：王冬梅、任天鸣、武薄俗、陆璐、杜娟、高婧、郭红波、曹渺、于丹丹）

十、科学学科六年级“杠杆”单元教学案例

（一）内容的选择及其依据

1. 内容分析

“杠杆”单元内容是在教科版小学科学教材六下“工具与机械”单元的第二课“杠杆的科学”和第三课“杠杆类工具的研究”基础上开发的。简单机械包括杠杆、轮轴和滑轮。从原理上讲，轮轴和滑轮都属于杠杆类简单机械，是杠杆的变形，遵循杠杆原理。杠杆学习是学好简单机械的基础和前提，具有重要地位。作为科学技术与工程领域的经典内容，《义务教育小学科学课程标准》明确了杠杆的学习目标为“知道杠杆、滑轮、轮轴、斜面等是常见的简单机械”，“使用杠杆、滑轮、轮轴、斜面等简单机械解决生活中的实际问题”。课程标准中规定的“知道”和“解决实际问题”之间存在一定距离。要促进学生的认知水平从“知道”提升到“解决实际问题”，就需要放大、延长学生的学习过程，促进学生的科学概念构建。为更好地实现这一目标，我们以教科版科学教材为蓝本，在原有的两课时内容的基础上，构建了以杠杆概念学习为核心的独立单元。

2. 有过程的归纳教学对实现该内容教学目标的价值分析

（1）学生对杠杆要素的理解需要经历由具体到抽象的过程

杠杆要素（动力、阻力、支点、用力点、阻力点）是杠杆平衡规律的基础，对它的理解对于学生杠杆概念的构建起重要作用。但在以往的教学中，由于时间限制，教师通常将这一知识点直接讲授给学生，或者为学生

提供阅读资料供其自学，然后用生活中的实例（剪刀、跷跷板等）进行验证和巩固。学生从抽象的一般性知识入手，再经过具体的验证，这样的学习过程是演绎式的。实践证明，这种方式尽管省时省力，但对于大多数学生来说，效果并不好。学生对杠杆的科学概念的构建并不完善，理解存在偏差，这一问题在多次纸笔测试中均有体现。从具体实物入手，让学生经历从具体到抽象的过程，更有助于学生科学概念的构建。

（2）杠杆平衡规律的发现需要以充足的数据为基础

对于或然性推理来说，样本越多，归纳的结果越可靠。平衡规律的归纳，需要建立在大量数据的基础上。因此，在新的单元框架下，我们给予学生充足的时间，让学生经历充分而真实的探究过程，使归纳结论更真实有效。

通过对上面两个方面的分析，我们确定了如下单元教学目标。第一，通过生活中多样的杠杆实例，归纳出杠杆的要素。学生知道杠杆作为一种简单机械，包括动力、阻力、支点、动力点、阻力点等要素。第二，通过实验探究，基于大量数据，归纳出杠杆省力、费力和不省力也不费力的规律，学会用动力点到支点的距离与阻力点到支点的距离的比较来判断杠杆是否省力。第三，体验多种杠杆类工具，利用杠杆平衡原理，归纳这些工具的杠杆类型并能解决实际问题。

（二）学情调研与分析

为了明确学生概念发展的起点，课前，我们以授课班级全体 36 名学生为调查对象进行了学情调查。为保证调查结果的准确，调查前，教师明确要求学生独立完成卡片。

调查内容为判断 6 种生活中常见工具（启瓶器、壁纸刀、钓鱼竿、撬棍、天平、羊角锤）是否是杠杆并写明理由。根据学生的测试情况，按照工具类别维度，我们将每个学生的判断结果进行统计汇总，如表 5-17 所示。

表 5-17 “杠杆”单元学生前测结果统计

	启瓶器	壁纸刀（非杠杆）	钓鱼竿	撬棍	天平	羊角锤
正确（人）	33	36	16	36	9	36
错误（人）	3	0	20	0	27	0
正确率（%）	91.7	100.0	44.4	100.0	25.0	100.0

根据上表的统计，结合学生给出的理由，可以发现学生对杠杆的理解并不是完全空白的，他们能初步判断一些生活中的工具是否是杠杆，部分学生能简单描述某些工具是杠杆的理由，这对接下来的教学设计很有参考意义。

1. 将天平和钓鱼竿确定为教学重点

就正确率而言，学生对各个工具的判断结果差异较大。这 6 种工具，有些对学生来说并不难判断，例如壁纸刀、羊角锤、撬棍和启瓶器；最有争议的是天平和钓鱼竿。这种现象的出现，跟学生头脑中已经存在的判断标准，即关于杠杆的原型有关。在学生给出的判断理由中，“支点”“撬”这两个词出现的频率很高。它们都出自阿基米德的名言——“给我一个支点，我就能撬起整个地球”。这就是绝大多数学生头脑中存在的杠杆原型。

这些工具与原型的相似度，影响着学生的判断。这些工具按照相似度由高到低排序，分别是撬棍、羊角锤、启瓶器、钓鱼竿、天平、壁纸刀。其中，撬棍、羊角锤、启瓶器与原型的相似度最高，学生也最容易做出判断；壁纸刀与原型相似度最低，学生也容易判断；而钓鱼竿、天平与学生头脑中的原型相比有一些变形，例如，钓鱼竿的支点不在阻力点与用力点的中间位置，天平完全靠的是重力，没有人为施加的力，动力臂和阻力臂一样长，这些都影响着学生的判断。突破了这些难点，学生对杠杆概念的理解会更加科学完善。在接下来的教学中，教师将会以这两个工具作为重点，组织学生讨论，增强教学指导的针对性。

2. 结合学生前概念确定教学起点

学生在做出判断后，也相应地给出自己判断的理由。从这些理由中，我们可以发现学生的一些前概念，并将其作为接下来教学设计的重要依据。

（1）关于支点

在调查中，提到“支点”的学生最多，有68%的学生用支点作为杠杆的判断依据，这说明关于杠杆，学生对支点最为熟悉，大多数学生知道杠杆需要有支点。因此，可以以支点作为出发点，组织教学。但是我们也发现了关于杠杆支点的迷思概念。在对钓鱼竿的判断中，部分学生给出的理由是“支点没有在中间位置”。因此，在以支点为出发点组织教学时，需要对这一问题组织讨论。

（2）关于杠杆要素

在学生给出的理由中，我们发现，部分学生关注到了杠杆的力的问题。例如，有学生说“杠杆都是省力的”，“杠杆是用力撬动东西的”，这说明学生已经关注到了杠杆的力的要素。学生只有注意到了力的要素，才能关注到力的作用点（用力点、阻力点），这是杠杆概念发展的基础。同样的，对天平的判断学生出现了较大的差异，学生给出的理由是“天平没有人为施加的力”，“天平是用来称质量的”，这说明学生对力的要素的理解还停留在力的来源上，没有关注到力的本质。教师只有掌握了学生概念发展的起点，才能以此为基础开展教学，提高教学的实效性。

3. 提升学生用科学语言表述的能力是教学的难点

11%的学生对这些工具进行了判断，但是没有说明理由；33%的学生给出了理由，但是非常简略。能够进行判断，说明他们对杠杆是有一定认识的。但他们的判断完全凭直观感受（包括给出理由的学生，他们也在一定程度上依靠直觉），并没有上升到理性思维的程度，这也恰恰是学生接下来要突破的重点。

在直觉阶段，学生是用一种隐蔽的、简略的、概括的内部言语进行思维，因此，他们表达起来有一定的困难。当这种内部言语在研讨中转化为外部言语并说出来时，标志着学生科学概念的形成。思维和语言相辅相成，思维的发展推动着语言的表达，语言的发展又促进思维的发展。为突破这一重点，教师的主要任务就是通过设计一系列的活动，让学生开展充分的工具体验、语言交流，借助适时追问，为学生搭建思考支架，促进学生的思考。在动作体验、语言和思维的共同发展过程中，促进学生形成科学的概念。

（三）学习材料的选择与任务设计

1. 教材对比分析

杠杆是小学科学的经典内容，各个版本教材都有相关内容。我们从单元框架、课时比例、活动内容等方面对日本、美国，以及我国教科版和苏教版教材进行了对比分析（表 5-18）。

我们发现，在课时上，各个版本教材存在很大差异。日本教材课时最多，这跟日本教材总体课时量有关。在活动内容上，日本教材也更为丰富。就编排逻辑而言，日本教材以科学探究为主线，围绕杠杆原理这一核心问题进行构建；而教科版教材逻辑性强，更注重科学概念的发展。

表 5-18　各版本教材“杠杆”单元框架对比

美国教材	日本教材	我国教科版教材	我国苏教版教材
运动的物体 （1）能量和功（科学技术和社会：怎样才能使汽车更安全?） （2）杠杆原理（探究技能培养：根据观察定义术语） （3）斜面原理	杠杆的作用 （1）用棍子提起重物 （2）杠杆原理 （3）比较测量重量 （4）寻找其他杠杆	工具和机械 （1）使用工具 （2）杠杆的科学 （3）杠杆类工具的研究 （4）轮轴的秘密 （5）定滑轮和动滑轮 （6）滑轮组 （7）斜面的作用 （8）自行车上的简单机械	神奇的机械 （1）什么叫机械 （2）怎样移动重物 （3）斜坡的启示 （4）拧螺丝的学问 （5）国旗怎样升上去 （6）自行车车轮转动的奥秘

从杠杆这一概念体系的构建来看，学生需要经历体验、实验、对比、归纳的过程，只有在丰富的体验和认知的基础上，才能实现对杠杆这一概念的意义建构。因此，在制定单元框架时，以下两点非常重要。

第一，增加课时。为保证教学质量，本单元增加了“杠杆的认识”一课，目的是了解杠杆的特征和构成要素；同时延长杠杆科学探究的时间，让学生充分实验，得到大量数据，进而通过对比归纳出结论。

第二，丰富体验活动。我们借鉴了日本教材中用杠杆挑重物的活动，还在第三课时增加了杠杆类工具的体验活动。

2. 单元内容框架及学习任务设计

考虑到我国科学课整体课时数量，结合我校实际情况，我们初步制定了单元框架和学习活动（表 5-19）。

表 5-19 “杠杆”单元框架和学习活动

课题	学习目标	活动内容
认识杠杆	了解杠杆特征、构成条件及要素	（1）撬棍活动体验 （2）杠杆要素的讨论 （3）多种工具体验
杠杆的秘密	理解杠杆平衡原理	探究活动——杠杆尺的研究
杠杆类工具的研究	杠杆的分类：省力杠杆、费力杠杆和等臂杠杆	（1）杠杆类工具体验活动 （2）杠杆分类 （3）制作小杆秤——小杆秤的研究

（四）归纳过程的展开

1. 通过对多种工具的体验，归纳杠杆要素

（1）动手操作，还原情境，构建杠杆原型

教学伊始，教师创设情境，布置“提大米”的任务，学生自然想到了用拖布杆做成杠杆将大米提起来的方法。教师适时组织学生开展体验活

动，感受杠杆的作用。通过体验活动，唤醒学生的生活经验，使学生初步在头脑中建立起杠杆的原型。由于接下来学生会在潜意识中将其他工具与这个原型进行对比，因此，这一步原型的建立非常重要，要为接下来的归纳打下基础。

（2）开展“类”的辨别，寻找共性，归纳杠杆本质

归纳是由个别到一般的过程。在这一环节中，“个别”就是指生活中常用的工具的不同属性，“一般”则是指学生归纳出来的杠杆共性。教师向学生公布学情调查问题的答案，组织学生讨论大部分工具的共同属性。通过这种“类”的判断，让学生逐个对这些工具进行分析，从而归纳出杠杆的共同属性，也就是杠杆的要素等特征。在小组学习中，我们发现有的学生已经能够由启瓶器联想到撬棍，将二者进行对比，进而对启瓶器这种工具进行分析，除去外在物理属性，保留力、支点、转动等要素。通过小组学习，学生能够初步认识杠杆要素的构成。

2. 基于数据分析，归纳杠杆平衡的规律

杠杆的研究主要基于学生提出的“什么情况下杠杆能省力”问题，也就是杠杆平衡规律。这一问题的解决需要学生在实验探究中，获取大量数据，通过分析数据之间的关系，归纳出杠杆平衡的规律。

（1）合理猜想，为归纳指明方向

课堂一开始，师生回顾上一节课的内容和待解决的矛盾，明确接下来的研究问题。之后，教师组织学生对这一问题的答案进行猜测。合理的猜测非常重要，它决定着接下来的研究方向和实验方法，从学生思维发展的角度来看，更决定着归纳出来的结论的深度和有效性。

这里，比较典型的是学生S。通过课堂观察发现，她的概念发展比较典型，代表了一类学生的认识。在学情调查时，她认为羊角锤是杠杆而钓鱼竿不是，给出的理由是羊角锤省力而钓鱼竿不省力。这一想法在提重物活动中得到修正，因为她在用杠杆提重物时自然想到手放得离支点远一些，她的经验通过活动被唤起。这一想法的形成又为接下来的探究实验方案（图5-9）指明了方向，学生开始利用杠杆尺实验来搜集动力、阻力、

动力臂、阻力臂等相关数据。

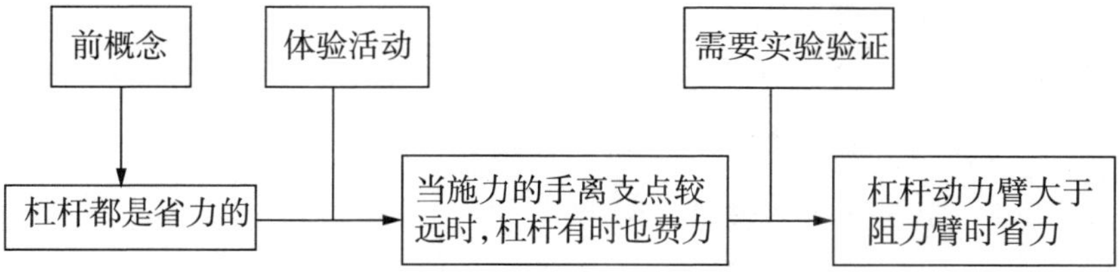

图 5-9　杠杆平衡规律探究实验方案

（2）数据搜集，为归纳打下基础

在设计好实验方案后，学生亲自动手操作杠杆尺，在上面挂钩码，记录杠杆尺平衡时动力与阻力的大小以及钩码与支点的距离。数据的获得是归纳的基础，数据的数量和准确性非常重要，教师要给学生充足的时间收集整理数据。

（3）数据汇总，为归纳提供素材

数据越多，越有利于提高归纳结果的准确性。在小组学习中，学生将数据记录在卡片上。在有限的时间内，每组学生实验所得数据的数量和类型并不相同。为保证数据的丰富性，学生通过集体汇报将各组数据汇总。数据汇总不是简单的数据叠加，而是包含了数据的鉴别过程。

（4）数据分析，交流归纳结果

到底在什么情况下杠杆能省力？面对大量的数据，学生归纳的结论也存在着差异。有的学生仅仅关注到力的比较，有的学生关注到距离的问题，有的学生想到了动力臂和阻力臂的大小关系，有的学生发现杠杆力臂与力的反比关系。不同的概念理解导致不同的结果。在学生小组讨论时，教师通过巡视，掌握不同小组学生的概念发展水平。集体交流时，教师先组织低水平的学生发表观点，然后引导高水平的学生进行补充。下面这段对话呈现了学生如何通过分享与讨论归纳结论的过程。

师：看看这些数据，你们都发现了什么？

生：并不是所有杠杆都省力。

师：什么情况下杠杆能省力呢？

生：动力小于阻力，杠杆就省力。

师：好，谁还有补充？

生：用力点到支点的距离越远越省力。

师：远到什么程度呢？

生：当动力点到支点的距离大于阻力点到支点的距离时，杠杆才省力。

师：相等呢？

生：相等时不省力，也不费力，小于时费力。

师：对。这涉及两个距离的比较，大家同意吗？

生集体：同意。

师：大家还有什么发现？

生：老师，我还有一个发现，实验到最后我觉得我好像不用费力实验就能知道数据了。

师：哦？那你说说你的想法。

生（指着电子白板）：大家看，当在左边第5格那儿挂4个钩码时，在右边第2格那儿挂10个钩码就可以，5乘4等于20，2乘10也等于20，它们乘积相等。

3. 杠杆类工具的实践研究与分类

归纳作为一种逻辑思维方式有其局限性，需要与演绎相结合。另外，从实物出发归纳出来的科学概念，其巩固则需要经历由抽象到具体的过程。因此，第三课时“杠杆类工具的研究”非常有必要。

（1）操作体验，由具体到抽象，画出杠杆模型

与前两节课相比，第三节课更倾向于实践。我们特意选取了筷子、镊子、订书器、启瓶器、剪刀等杠杆类工具让学生亲自动手操作。学生一边使用这些工具，一边寻找这些工具的支点、动力点、阻力点，将其抽象成杠杆模型并画在卡片相应位置处。此过程加深了学生对杠杆概念的理解。

（2）演绎推理，由抽象到具体，归纳杠杆类型

通过上两节课的学习，学生归纳出杠杆平衡规律。接下来，学生运用这一科学概念（杠杆是否省力跟动力臂与阻力臂的长度相关），将这些工具进行分类，分析它们属于费力杠杆、省力杠杆还是等臂杠杆。学生将自己的结论进行交流，互相修正，最终达成共识：筷子、镊子的动力臂小于阻力臂，因此，它们是费力杠杆；天平、订书器的动力臂等于阻力臂，它们是等臂杠杆；其他工具则是省力杠杆。

学生的思维过程从来不是单向的，我们不仅要重视归纳的过程，还要重视归纳结果的运用，以强化学习效果。在本课的学习中，具体与抽象相结合，归纳与演绎相互促进，学生构建了比较完整的杠杆概念体系。

（执笔人：迟艳波；研究团队成员：迟艳波、武婷、陈晨）

第三部分

率性德育的实践探索

第六章　率性德育的基本内涵

一、率性德育的提出

（一）新时代对学校德育提出新要求

1. 复杂社会环境对学校德育的冲击

当今的时代复杂多变，尤其是随着全球化、信息化的发展，多元文化的互动交织造成了不同价值观念的碰撞、摩擦和冲突，人们的道德观念、道德行为出现了诸多新情况、新问题和新矛盾，这些都对学校教育提出了严峻挑战。

比如，世界经济的全球化导致国与国之间的交流互通增多，由此带来的文化碰撞不可避免地对青少年产生各种正面与负面的影响，少部分人可能会淡忘国家意识与民族意识，漠视传统文化。在中国高举和平发展的旗帜，全力建设"一带一路"，共同打造政治互信、经济融合、文化包容的利益共同体、命运共同体和责任共同体的国际背景下，教育工作者必须重新审视本民族的价值规范体系和文化传统在世界文化中的地位与作用，考虑如何通过教育使本民族文化在与世界文化的大融合中不断发展。因此，越是全球一体化，越要加强社会主义核心价值观教育，弘扬中华优秀传统文化，使青少年既有世界眼光、国际意识，又有强烈的民族自尊心、自豪感；既懂得本民族的价值规范体系，又能够广泛吸收世界优秀文化。

另外，“互联网+”时代的显著特征就是信息来源开放、传播渠道丰富、传播速度飞快、传播内容多样且杂糅。互联网对青少年的影响越来越大。这些影响既有进步、健康、有益的，也有不少是负面、消极的，而且这些影响已经渗透到生活的各个方面，使封闭的教育方式渐渐失去作用。因此，如何应对互联网时代的机遇与挑战已成为新时期学校德育工作的一项新课题。学校德育需要思考，如何面向未来社会培养现代公民，如何准确定位培养人的目标，不断创新培养人的方式方法。

2. 国家全面贯彻落实立德树人任务的要求

国无德不兴，人无德不立。教育必须让广大青少年学生既有真才实学，又不断增进个人道德修养、社会担当意识、国家情怀，从而为中华民族伟大复兴提供强大的人才保障。

2017 年 8 月，教育部颁布的《中小学德育工作指南》指出：“深入贯彻习近平总书记系列重要讲话精神和治国理政新理念新思想新战略，始终坚持育人为本、德育为先，大力培育和践行社会主义核心价值观，以培养学生良好思想品德和健全人格为根本，以促进学生形成良好行为习惯为重点，以落实《中小学生守则（2015 年修订）》为抓手，坚持教育与生产劳动、社会实践相结合，坚持学校教育与家庭教育、社会教育相结合，不断完善中小学德育工作长效机制，全面提高中小学德育工作水平，为中国特色社会主义事业培养合格建设者和可靠接班人。”2017 年 10 月，党的十九大报告进一步明确提出“加强思想道德建设”，“要全面贯彻党的教育方针，落实立德树人根本任务，发展素质教育，推进教育公平，培养德智体美全面发展的社会主义建设者和接班人”。

以上文件进一步明确和规划了新时代社会主义道德建设的总体目标和根本任务。根据我国国情，教育的根本任务是立德树人。学生的社会责任感、国家认同和国际理解这三大核心素养的培育是育人的关键，也是学生参与社会必备的品格。

我校将育人目标用“学生像”描绘出来，希望培养“阳光自信、好问多思、手脑相长、友善乐群、敢于担当”的小学生，这正是根据教育规律、学生成长规律，以及新时期国家德育工作的整体要求提出来的。学校将紧紧围绕立德树人的要求，科学构建德育课程体系，创新德育路径，回归教育本真，力争用国家层面的价值导向、个人层面的价值规范，润泽儿童的心灵。

（二）对学校德育问题的回应

1. 重智轻德的情况依然普遍存在

社会物质生活快速提高，更加彰显了精神文明发展的相对滞后，尤其是以青少年为对象的道德教育，更需要与社会发展相适应。但是，作为青少年德育的主阵地——学校德育中又存在着种种难以调和的现实矛盾。在相当一部分学校，重智轻德的现象还比较严重。具体表现在学校管理者和教师更注重知识传授和考试成绩，德育工作不落实、不创新。学校德育工作“说起来重要，干起来次要，忙起来不要”仍然是一个不争的事实，影响了学生的全面发展和健康成长。

2. 德育方法单一

重理论灌输而轻道德体验，忽视学生的主体性，德育方法单一，仍是学校德育的突出问题。

将学生视为录音机般没有自主意识和独立思想的教育对象，以道德说教为主要方法，是无法取得良好的德育效果的。因为学生品德的形成过程不是一个简单灌输和机械训练的过程，而是在有效引导下学生选择的过程。同时，德育的过程也是一个开放的、渐进的、复杂的过程，其中包含着学生知、情、意、行的发展，包含着自我教育和他人影响的互动结合。因此，学校德育不仅要在内容上适应儿童的特点与需求，更要在德育方法上进行创造，建立多样化的德育模式，如从情感入手，营造育人的优良环境和浓厚氛围，让学生在这种氛围中思考、感悟、理解，净化灵魂，升华人格，完善自我。更为重要的是，德育要适应儿童身心发展的差异性和层次性特点，对不同年龄阶段的儿童施以不同的教育，同一道德观念在不同阶段也应有不同的教育方式和内容，使德育形成一个科学的序列。

3. 德育合力不足

2015年春节前夕，习近平总书记对家庭教育做出重要论述。2015年10月，《教育部关于加强家庭教育工作的指导意见》进一步明确了家长在家庭教育中的主体责任，要求充分发挥学校在家庭教育中的重要作用，加快形成家庭教育社会支持网络。其中就强化学校对家庭教育工作指导、丰富学校指导服务内容、发挥好家长委员会作用、办好家长学校等家庭教育工作的关键环节做了具体的布置与安排，为全国各地开展与推动家庭教育工作提供了切实、可操作的指导。尽管国家对家庭教育愈加重视，但就目前来看，社会教育、家庭教育与学校教育之间的配合还有诸多不协调、不一致之处，德育合力明显不足。

受到社会转型的冲击，过去以修身明德为核心的家庭教育观渐已式微，重智轻德的家庭教育观大行其道，许多家庭教育的着眼点在“成才”而非“成人”。从特定角度看，我国青少年出现的道德失范、心理失衡等问题与家庭教育中缺乏“成人、成社会人”的教育密切相关。学校在家庭教育中发挥着引导、干预等重要作用。因此，学校在思考自身德育改革的同时，也要同步考虑如何发挥家庭教育在学生道德发展中的重要作用，推动家庭、学校、社会密切配合，共同培养德智体美全面发展的社会主义建设者和接班人。

我校率性教育理念指导下的德育实践与探索，依托于学校办学哲学，不仅着眼于对学生观念和精神上的引领，而且注重加强制度与环境建设，致力于为学生营建良好的道德生态环境，使学生在开放、多元、尊重的环境中，受到学校文化的熏陶滋养，并自主地开展道德学习和体验，实现道德发展。

（三）基于学校德育工作的持续探索

1. 德育改革贯穿学校发展的历史

赫尔巴特曾说过，一切教育都首先是道德教育。学校德育创新要基于学校的历史传承和发展定位，要遵循德育的内在规律和学生身心发展的规律。东北师范大学附属小学在其发展过程中，始终倡导尊重和信任学生，发挥学生的主体性，反对脱离学生生活实际的教化，强调德育工作要走进儿童的心灵，并在此基础上不断探索着德育创新发展的路径。

从建校开始，学校便对德育工作进行实验和探索，先后进行了教育与生产劳动相结合的实验，培养儿童集体主义精神的寄宿制实验；建立了“红孩子近卫军”，坚持把少年儿童组织起来，向他们进行“团结起来，学习做新中国的新主人”的教育。

进入20世纪80年代以后，根据时代发展对人才培养的要求，结合学校的德育发展状况及在校学生特点，学校进行了“小主人”系列整体改革实验，以培养学生的自学能力、适应能力、自我教育和自我管理能力、初步的创造能力为目标，提升学生素质。这些改革实验，是学校“解放儿童”的教育主旨在德育领域中的具体实践，为今天学校德育工作的创新发展奠定了坚实基础。

进入21世纪以后，学校对儿童的研究进入到更加具体和微观的层面，更加关注儿童的差异、个性，因此在常规管理和养成教育中，更强调以儿童的兴趣、爱好、接受能力为出发点，让儿童在集体关爱下，学会学习、学会生活、学会交往、学会共生、学会自主发展。除了创新德育活动以外，学校还开发了“充实的心灵”系列德育课程，以心灵教育为基础，坚持“以心育心”，倡导走进儿童心灵，丰富儿童心灵，充实儿童心灵，为学生提供心灵体验与交流的空间，培养儿童自主能力和良好习惯，引导学生形成积极、自信、向上的成长状态。

2. 率性教育理念引领下德育工作的新尝试

2014年，东北师范大学附属小学提出率性教育的理念，并在教学和德育两个主阵地开展了深入的实践探索，分别提出率性教学和率性德育的构想。在率性德育实践中，学校以班级常规管理、养成教育、少先队活动等为载体，探索在教育活动中如何保护天性、尊重个性、培养社会性，从而真正实现尊重儿童、解放儿童，改变教师的儿童观，促进学校德育工作的有效变革。

率性德育坚持把学生作为德育过程的主人，因此不论是政治观念、思想观念还是道德观念的引导，都提倡并坚持通过民主的、体验的、讨论的方式来进行。此外，率性德育也强调尊重每一个学生，打破等级观念，坚持师生平等，努力为学生创设良好的道德情境，通过形象生动、有趣而富有教育意义的活动，陶冶学生的情操，培养学生良好的品格。

因此，教师在德育过程中，更加关注学生心理、品德形成和发展的规律与特点，改变依靠经验、直觉的德育工作模式，学会从儿童的立场和视角看待儿童道德、行为的发展，在各种活动中给儿童提供更多的自然生长机会，不按照成人的标准去抬高教育要求，呵护儿童的天性与童心，让儿童活在当下，体验成长的乐趣。

率性教育倡导打破完美主义，减少“一刀切”，使德育工作在学生教育活动、行为习惯养成、班级管理等方面有较大突破与创新。学校需要改变整齐划一、强调形式、重视短期结果的德育活动设计，正视德育工作长期、渐进、反复的特点，为学校德育活动设计新形式、新内容和新定位。如学校大型活动更加强调年段特点，强调常态、小众、多样、分散的活动组织形式，突出教育过程；劳动教育在低年段着重于对学生劳动兴趣的培养，而不是对劳动技能的过高、过早的要求；等等。学校德育部门工作思路也从管理走向服务，改变以整齐划一的要求开展检查、督导的管理理念，强调服务与指导功能。2014 年，学校承担了教育部的“中小学教师班级管理培训课程标准”研制工作，进一步提出了学生发展指导理念，突破了现实德育工作中的瓶颈性问题。

综上所述，率性德育是在学校教育理念的统领下，针对时代需求、现实问题应运而生的，它将为学校德育工作带来新的思考，注入新的活力，开辟新的路径。

二、率性德育的内涵

在率性教育理念指导下提出来的率性德育，首先需要明确基本内涵。

由学校课程领导、德育部门的干部、德育委员会教师、部分班主任、学生成长指导专家组成的团队，经历了自上而下和自下而上多轮充分的研讨和思考，提出率性德育要强调儿童道德品质的形成，遵循德育规律及儿童道德品质的发展规律和特点，关注儿童成长过程中的发展变化，尊重每个儿童的人格人性，让儿童在知理、明理中学会做人、学会做事，为成为有理想、懂道理、明事理的合格公民奠定基础。同时，结合我校几十年的德育经验，我们归纳、提炼出率性德育的基本内涵：有过程、有尊重、有道理。之后，将基本内涵进一步细化分解、丰富完善，明晰核心要义，为深入践行率性德育、促进儿童良好的道德品质形成提供理论与实践指导。

（一）有过程

关于德育过程，古今中外有多种观点。孔子从他长期的教育实践中总结出“学、思、习、行”相结合的一套比较完整的德育方法，反映了德育过程的一部分客观规律①。孟子从其性善论出发，把德育过程看作是受教育者“存心养性”“自我修养”的过程。荀子把德育过程看作是“闻、见、知、行”的过程。《中庸》主张“以修身为本”，提出了“慎独”的概念。在亚里士多德看来，德育过程是受教育者通过实际活动和反复练习形成美好德行的过程。杜威指出“教育即生活”，生活就是学生道德品质的发展。鲁洁、王逢贤认为，德育过程本质上是“造就道德行为主体”或“再生产道德行为主体”的过程②。顾明远主编的《教育大辞典》把德育过程的本质简练地概括为“教育者把一定社会的思想准则和道德规范转化为受教育者个体思想品德的过程”③。这些认识都在一定程度上揭示了德育过程的本质。

率性德育提倡“有过程”，还基于对当前德育突出问题的反思。一是当前教育过于注重“结果导向”，忽视儿童发展的过程性和阶段性特点；

---

① 王逢贤．教育学原理［M］．北京：教育科学出版社，2015：331.

② 鲁洁，王逢贤．德育新论［M］．南京：江苏教育出版社，2000：347.

③ 顾明远．教育大辞典：增订合编本［M］．上海：上海教育出版社，1998：251.

二是当前功利的教育忽视了儿童长远的、可持续的发展，用短期目标预测发展；三是片面的唯教育者主体观，强调教师单向灌输，学生被动接受，德育过程中儿童的主体性得不到有效发挥。事实上，无论是速成的教育还是功利的教育，都必然是有过程的，但是这个过程被高度压缩，违背了儿童成长规律，造成了对儿童天性的戕害。我校的德育工作重视从学生的成长过程出发，关注德育过程的每一个细节，关注德育过程中学生自主精神、合作态度、规则意识和责任观念的培养。例如，几分钟的活动都要精心设计，而且要尽可能让学生普遍参与。因此，率性德育的“过程”，不是说教的过程、服从的过程、提要求的过程，而是帮助学生产生思想矛盾、不断进行自我教育的过程，是组织学生在活动和交往中接受多方面教育影响的过程，是对学生道德层面上知、情、意、行的培养过程。

1. 道德认知的过程

道德认知是对道德价值与规范的认知学习。在小学阶段，首先要让儿童知道应该做什么，哪些是对的，哪些是不道德的，道德知识是道德发展不可缺少的认识基础。在儿童道德认知的过程中，教师要充分考虑儿童的发展水平，如果在道德发展的最高水平上进行道德说理，即使受教者能取得进步，也不会持久；反之，如果我们的道德说理低于受教育者的发展水平，那么这种说理也不能达到提高道德认识的目的，甚至还会引起他们的反感。① 所以，教师要根据儿童的认知能力，采用儿童可以接受的内容和形式去开展教育活动，避免空洞说教。

2. 情感体验的过程

道德情感体验的过程，不是一个简单说教的过程，而是用感性带动心理体验的过程。在这一过程中，教师要了解儿童内在的情感需求，将情感作为内在的激发力量，让儿童处于一种与教育要求相一致的“真实”的活动情境之中，利用各种“自然”的积极诱因，因势利导，逐步渗透，使儿童的道德知识与情感体验发生共鸣，使知识转化为信念，实现由感性到理

① 陆有铨．皮亚杰理论与道德教育［M］．北京：北京大学出版社，2012：117.

性的发展。

3. 信念转化的过程

在日常生活中可以看到有些人言行不一致，这固然与知的深浅有关，但根本原因是知识没有转化为信念。只有有了信念，才能产生与知识相应的行为；否则，只说不做，只能成为“语言的巨人，行动的矮子”。儿童信念的形成离不开丰富的情感体验，要在动之以情的基础上晓之以理，只有这样，理才能转化为信念；同时也离不开具体的实践活动，这些都是信念形成不可缺少的基础。儿童只有在一系列认知、体验的过程中坚定对道德知识的认同，才能把知识逐渐转化为牢固的信念。

4. 习惯养成的过程

儿童行为习惯的养成，就是儿童通过实际活动和反复练习形成良好德行的过程。儿童行为习惯的练习，要从日常生活的细节开始，要在真实的社会生活实践中进行，在这一过程中，儿童渐渐地被改变和塑造，最终他们能够发自内心，自觉自愿地按照道德规范做事。教师在教育过程中，要逐渐培养儿童自我认识、自我监督、自我调节、自我控制和自我评价的能力，从而塑造儿童自信、自强、自立、自尊的品质。

（二）有尊重

尊重教育是对优秀传统教育思想的继承和发展。中国古代教育家孔子主张因材施教，注意发展每个学生的个性特长。卢梭的“自然教育论”、爱尔维修的“智力平等说”、狄德罗的教育“民主化”与“世俗化”主张以及裴斯泰洛齐的“和谐发展”思想，都把对学生的尊重看成教育的基本原则。美国教育家杜威的教育理论蕴含着尊重的思想主张。心理学家马斯洛的需要层次理论也指出，尊重是人的一种高层次需要，在人的社会化过程中，尊重的需要得到满足，他就会自尊、自信、自我激励，反之就会沮丧和自卑。苏联教育家马卡连柯倡导的“严格要求与尊重信任学生”仍是我国教育学的一个基本原则。东北师范大学将“尊重的教育”作为办学理念。这些都为率性德育的“有尊重”主张提供了丰厚的理论基础。

率性德育的“有尊重”，是基于对教育中普遍存在的追求完美主义倾向、千人一面的培养目标和整齐划一的教育观念的深度反思。这些教育弊端，忽视了对学生个体差异和人格人性的尊重，抑制了师生间的平等交流，束缚了学生的个性发展。我校的德育工作一直以来就强调尊重学生思想品德形成发展的规律和特点。一个人品德的形成不是一朝一夕就可以实现的，尤其是小学生的品德发展离不开情境、活动、体验、探究等，低年级学生更需要在生动、形象、鲜活的教育情境中不断体验、感悟、熏陶、浸润，逐渐形成良好品格。有尊重，体现在育人观上，就是教师心里有学生，能用科学的理论和方法研究学生，理解学生的行为，尊重学生的人格人性，尊重学生的成长规律与特点。尤其是在面对需要特殊帮助的学生时，教师应表现出更多的宽容、理解和尊重，不急于求成，而是静待花开，让儿童在和谐、民主的教育氛围中率性成长。

1. 尊重儿童道德品质发展的规律

在德育过程中，要遵循儿童身心发展规律、儿童道德品质发展规律和特点，同时也要尊重儿童发展的自然速度，关注儿童的生物性和天性的重要作用。教师要坚持开展符合德育和儿童道德品质发展规律的活动，把握小学不同阶段儿童的生理、心理特点，懂得儿童的道德养成是一个长期的、循序渐进的过程，是需要等待的过程。

2. 尊重儿童个体差异

每个儿童都是独特的存在。儿童是有适应性差异、兴趣爱好差异、态度差异、生活体验差异、性格特征差异以及性别生理差异的个体。教师在教育过程中，要以无差别原则珍视群体中的每一个儿童，对儿童要有多角度认识，帮助他们找到适合自己的位置，使其能够在原有基础上，得到各自不同程度的发展。

3. 尊重儿童人格人性

尊重儿童人格人性，不仅是教育的条件，也是教育本身的内在规定性。德育的一个重要任务就是为未来社会培养合格公民，培养公民就意味着打破等级观念，不能因为财富、能力、形象的不同而歧视任何一个人，也不能因为性别、民族的不同而歧视任何一个人。因此要创造和谐的教育环境，消除师生对立，尊重学生的个性发展以及他们的自然性、独立性、选择性和创造性；要针对儿童不同的人格类型，采用不同的方式方法，因势利导，成其所是。教师要有理解、包容、仁爱之心，能够听取学生意见，鼓励学生自由自主地表达自己的意愿、观念和看法，允许儿童出错。

4. 尊重儿童主体性

儿童是德育活动过程中的主体，教师要把活动过程还给儿童，充分发挥儿童在德育过程中的主体性、积极性和能动性。教师要给予儿童更多的自主实践、自主选择、自主合作、自主判断、自主创新的空间和平台，最大限度地满足儿童自主发展的需求。

（三）有道理

“有道理”的核心是以理服人。马克思主义哲学中对“以理服人”最直接的表达为：“理论只要说服人，就能掌握群众；而理论只要彻底，就能说服人。所谓彻底，就是抓住事物的根本。”① 荀子将以理服人作为教育者必备的素质，提出“水深而回，树落则粪本，弟子通利则思师”。庄子著作中用了大量的比喻、例证和说理式辩论，试图用以理服人的方式让人们接受自己的观点。孔子非常重视以德服人的教育方式，提出“当仁，不让于师”的思想，主张在真理面前人人平等，反对以势压人，主张教育者要以理服人。孟子也提出了“尽信《书》则不如无《书》”的观点，鼓励受教育者不盲从权威，以质疑的态度去探求真理。这些观点都为教育者不能对受教育者硬性地进行书本知识的灌输，而应该以理服人提供了理论依据。

小学德育的核心是以理服人。这里的“理”包括国家的道理、学校的道理、个人发展的道理。强调“有道理”，就是要把学生作为整个德育过

① 马克思恩格斯文集：第一卷［M］. 中共中央马克思恩格斯列宁斯大林著作编译局，编译. 北京：人民出版社，2009：11.

程的主人，而不是一个服从的、听话的对象，不靠权力来压制，不靠命令让学生服从，要通过摆事实、讲道理说服学生，使学生明白为什么这么做。不明白道理就去做，往往是简单地做，甚至是盲目地做。一个人品格的形成来自于自觉，知理、明理、达理才能自觉。所以“有道理”的核心就是要以理服人，让儿童在知理、明理、达理中学会做人，学会做事，明辨是非。

1. 知理

“理”指的是做人做事的道理，即人应遵循的一般规范，它表现为一种“文明的符号”或“文明的象征”。学生不可能自发地接受道理，因而需要教师从外部加以传授，所以知理的过程我们也可以看作是讲道理的过程，是学生对规则、制度、纪律等方面要求了解与掌握的过程。在这个过程中教师的传授是必要的，但在传授的同时，要摆事实、讲道理，让学生愉快地接受，使合理的要求变成学生的思想认识和自我要求。生硬讲解、绝对命令和急于求成是达不到目的的。

2. 明理

明理的过程应是一个对话与思辨的过程。教师在育德过程中，既要通过讲授与灌输的方式让儿童知理，同时还要从儿童的视角，站在儿童的立场，在宽松的氛围中，以平等的身份向儿童敞开心扉，让儿童敢于质疑，敢于表达自己的想法，敢于发表自己对任何事物或问题的独立见解。学生在讨论、思辨中，才能知其然更知其所以然，不断追寻道德要求背后的意义，突破原有认知的局限，打开新的视野。

3. 达理

达理的过程是逐步形成个人价值观的过程，是对真、善、美自主判断的形成过程，这对学生的品德发展提出了更高的要求。一个人价值观的形成不能只靠说和想，而必须通过躬行实践。所以，教师要为学生搭建实践体验的平台，创设博弈与选择的机会，创设真实的体验情境，让学生学会通过自己的思考和判断去厘清价值。同时教师不要把成人的价值观灌输给儿童，而是要鼓励处于不同道德认知发展水平的儿童，发表真实的看法，并在倾听不同声音的过程中相互启发、相互碰撞，使得自己原有的观念被不断修正、转化、提升，进而逐步形成清晰的价值观。

有过程、有尊重、有道理三者之间是相互联系、互为补充、相互促进的，它们在不同情境中整体发挥作用。

（执笔人：王廷波、张婷、李虹、黄春雷）

第七章　率性德育的实践路径

率性德育的基本内涵，既反映出道德教育的基本规律和过程，又体现出对人的成长规律以及对个体差异、人格、主体性的尊重，更凸显了儿童哲学思想在道德教育中的重要性。率性德育不只强调学生与同伴、与师者的对话，强调唤醒，还强调自我的明辨、省思。

要在实践中落实率性德育“有过程、有尊重、有道理”的基本内涵，就必须探索一些便于学校和教师实践操作的基本策略或方式。《中庸》提出了“博学之，审问之，慎思之，明辨之，笃行之”的治学之道。鲁洁、王逢贤教授指出，“一个完整的德育过程，应该是体验者的认知活动、体验活动与践行活动的结合”，并明确提出“人的道德行为的发生受情感的引发和调节”，而“人对道德价值的学习以情感—体验型为重要的学习方式”①。受这些理论的启发，学校提出了率性德育实践探索的四组关键词。

一、实践与体验

认识来源于实践。学生对客观世界的认识源于生活实践和体验活动。道德教育既不能像学科类课程那样以系统的知识传授为主，也不能像活动类课程那样以经验获取为主，而应通过实践活动让学生获得生活体验、情

① 转引自刘惊铎．道德体验论［M］．北京：人民教育出版社，2003：55.

感认同和价值体认。“行是知之始”，“行”在德育过程中更多的是指实践和体验，它是“有过程”的率性德育的起始和展开阶段。学校通过有目的地组织学生参与实践活动并获得丰富体验，为培养良好的品德行为及品质奠定基础。

在道德哲学的结果论看来，“实践”和“体验”所带来的结果是道德判断的重要依据。卢梭曾在《爱弥儿》中表述了“体验”对于人生幸福的价值。他认为：“为了要感到巨大的愉快，就需要他体会一些微小的痛苦；这是他的天性。身体太舒服了，精神就会败坏。没有体会过痛苦的人，就不能理解人类爱的厚道和同情的温暖；这样的人势必心如铁石，不同他人相往来，他将成为人类中的一个怪物。”①当然，也不能过分强调体验在道德教育中的作用。

很多道德学家认为道德是他律的，是从道德以外的原则中引申出来的。著名哲学家李泽厚认为，道德律令是由外而内建立的“理性的凝聚”，即个体“通由外在强迫即学习、遵循某种伦理秩序、规范而后才逐渐变为内在的意识、观念和情感。从而，这也可以说是由伦理（外在的社会规范、要求、秩序、制度）而道德（内在的心理形式、自由意志）”。显然，学生正是在这样长期的道德实践中，形成一种“理主宰欲”的人性心理能力，“其特征则是理性对感性的行为、欲望以及生存的绝对主宰和支配”，使行为自觉或不自觉地符合规范②。理性对感性的这种自觉的、有意识的主宰、支配构成了道德行为的个体心理特征。

率性德育所倡导的“体验”与“实践”是建立在对前人经验总结的基础上，基于一种实证主义的，重视学生现实生活模拟的，促进学生道德认知发展的道德实践过程。没有实践便没有体验，没有体验就不会有成长。儿童的人生观、世界观、价值观尚未形成，道德教育更应尊重儿童对生活世界的认识和生活经验的沉积，由外而内的他律教育的效果远不及

---

① 卢梭．爱弥儿：论教育［M］．李平沤，译．北京：商务印书馆，2015：95.

② 于伟．教育哲学［M］．北京：北京师范大学出版社，2015：249.

“内外兼修”的自律与他律相结合的道德教育。儿童只有在真实的生活情境中获得体验并逐渐沉淀为生活经验以后，才能渐进地形成道德行为或道德品质。

率性德育强调让学生通过各种实践活动丰富体验获得经验。如，学校的日常文明习惯养成教育注重学生的劳动实践，主题教育活动突出强调情感体验，志愿者活动关注公益服务体验，年间大型活动凸显学生的主体参与实践。而走进社区、走进大自然开展社会实践活动已成为一种教育常态。学生到伊通河畔、南湖公园、文化广场、净月潭森林公园等开展综合性的实践活动，到农博园、民俗馆、科技馆、博物馆、图书馆等开展跨学科探究活动，到航空大学参观，到东北沦陷史陈列馆入队，到体育学院交流，到东北师范大学观摩，到消防大队实操，还走进各种职业场所开展职场体验活动。每到寒暑假，还有学生最喜爱的研学旅行活动。这些实践活动都非常关注学生的生活体验、实践探究、问题解决、文化理解，关注学生生存、共处、做事能力的培养。没有实践和体验，道德教育便无从谈起。

二、对话与唤醒

对话是直接诱发道德体验的重要途径。德育更强调对话的各方诚恳地敞开心扉，真实地表达各自的思想，激活对话各方的思维，唤醒每个人对生活经验的回忆和积极的情感，进而产生道德体验。没有对话就没有尊重，没有唤醒就没有情感的升华。对话、唤醒在道德体验过程中是不可或缺的关键环节，它们充分体现了“有尊重”的率性德育的基本内涵。

从语言科学的维度来看待对话，对话的重要性不言而喻。因为学生对话的过程并不是一种边缘系统的输入和输出过程，而是一种中心系统的调动过程①。对话是学生增进道德认知的重要途径，学生道德认知的发展必定要依托于语言的交流。皮亚杰的认知发展理论表明，学生的认知要得到发展，必须经历认知的不平衡。在德育过程中学生常会出现道德冲突的情况。当道德系统相互冲突时，想要化解这些冲突，通常需要对此时的道德系统有一个充分的理解，进而寻求在某个更高层次上达到一致的可能。基于这样的观点，率性德育所强调的对话的目的不是劝说、说服，而是阐释观点、思想碰撞、表明自己的道德框架，它强调给予学生理解的时间与选择是否认同的权利。

率性德育的对话是唤醒学生的道德认知和道德情感的重要途径，是学生接受道德教育的基础，也可以说，学生本身就具备着行善的可能性，只需借助对话，将学生自然状态的善唤醒。在对话中学生明晰了什么是良好的道德行为，同时也对不道德行为保持警惕。这样的品性一旦养成，就会让学生产生一种长久的道德敬重感，进而外显在学生的日常行为中。当然，这样的唤醒是十分不易的，只有经过长期的、反复的强化，才能形成一种较为稳定的激活状态。

率性德育的对话和唤醒，不仅存在于师生间，而且存在于生生间。对话，强调双主体或多主体的平等交流，而不是强调师者的尊严或硬性的规定。多年来，我校始终强调尊重学生的主体地位，尊重学生的身心发展规律和个性化差异，形成了“心灵对话”德育模式，注重运用生活中的道德两难问题创设师生间、生生间的平等对话，唤醒学生的内心情感。

率性德育的主张是明确的、一贯的，它坚持不搞“一刀切”，不追求完美主义，这是对儿童最好的尊重。没有尊重就没有对话，没有对话就没有唤醒。特别是到了小学中高年级，平等的对话、积极的唤醒，是平息矛盾冲突、引发道德认知的关键环节。

① 乔姆斯基．语言的科学：詹姆斯·麦克吉尔韦雷访谈录［M］．曹道根，胡朋志，译．北京：商务印书馆，2015：96.

三、明辨与省思

明辨是非，它是道德教育最重要的价值追求之一。省思强调内省、反思，即自我内心的省察，也就是对道德认识和道德行为的反省。孔子在处理客观的“道”与主观的“德”的关系时，重视积极开展主观的思想分析活动，强调自觉地进行思想监督，使应遵循的“道”成为内在的自觉要求，而不受外来强加的限制。① 内省实质就是不断克服错误的道德观念、道德情感和道德行为，逐步形成正确的道德观念、道德品质和提高精神境界的过程。明辨、省思是体现“有道理”的率性德育内涵的重要环节。有了这样的思辨过程，儿童才能逐渐明白要怎么做、为什么要这么做，经历由他主到自主的过程。

美国明尼苏达大学的雷斯特教授提出了道德发展过程的四个模型，即解释情境、做出判断、道德抉择、实施行为②。在做出判断和道德抉择时“明辨”显得尤为重要，而在实施行为后更强调“省思”的过程。可见，明辨、省思在道德发展过程中是不可忽视的教育环节。

学生个体在了解情境的基础上要进一步行动时，需要做出哪一种行为是正确的道德判断。皮亚杰和科尔伯格等专家的研究表明，儿童正是以不断丰富的社会经验作为判断依据，而不会像回答问题一般，只选择出对或错的答案。

道德抉择是道德行动前的决策过程，这一过程被认为是道德判断与道德行动的纽带。但此时的学生个体，很可能因为受到非道德价值观的影响而将前期做出的道德判断置之不顾，进而不能做出正确的道德抉择，不能将已有的认识付诸行动。这种情况是十分常见的。杜威就曾在《民主主义与教育》中指出：“除了有经过训练的倾向的人以外，一般趋势是让想象

① 黄济．中国传统教育哲学思想概论［M］．郑州：河南教育出版社，1994：250.
② 李伯黍．品德心理研究［M］．上海：华东化工学院出版社，1992：106-108.

自由奔放。他们并不根据实际情况，按照在实行中的可行性，对想象的对象进行核查。”① 这样缺少明辨的处世状态，也是学生未能驾驭自己想象时易表现出来的状态。此时教师要帮助学生利用理性思维和情绪体验来检查自己的行为模式，鼓励学生辨认自己的价值观，以及这些价值观与其他价值观的关系，揭露并解决自己的价值冲突，最后根据自己的价值观来行事。因此，在明辨与省思的教育过程中，可借鉴纽约大学拉斯（L. Raths）教授的辨析训练方法。这一过程涉及几个基本因素：第一，教师必须诱发学生的态度和价值陈述；第二，教师必须无判断、无批评地接受学生的思想感情、信念和观念；第三，教师必须向学生提出问题，帮助他们思考自己的价值观。帮助学生辨析其价值观的基本策略是辨析反应，即让学生回答一些口头提出或写在纸上的问题。比如，你认为你是在哪儿第一次产生这一想法的？在你产生这一想法之前，你常考虑其他什么事情？每一个可选择途径（想法）的后果是什么？你为这一选择感到高兴吗？②

由于所处年龄阶段的特点，小学生多是从自己的视角（比如满足自己的需要）做出判断和选择，而成人则是从社会的视角（比如满足社会或他人的需要）来告诉学生应该怎么做。因此，在学生成长过程中，不可避免地会遇到各种各样的问题，让他们处在两难境地。比如，同伴间的矛盾冲突到底该怨谁？应该怎样接受集体规则、社会规则的约束？在信息化时代学生该不该使用手机？这样的问题比比皆是。面对这些问题，我们是用外在的社会规则及道德硬性要求学生，还是让学生借助生活经验和道德体验，在明辨、反思后做出自我判断和选择？率性德育的主张是鼓励学生明辨、省思，使学生对道德冲突有深入的理解和认识，进而做出道德的选择。

---

① 杜威．民主主义与教育［M］．王承绪，译．北京：人民教育出版社，1990：364.

② 李伯黍．品德心理研究［M］．上海：华东化工学院出版社，1992：99.

四、立志与笃行

在伦理学中，“立志”是指为自己确立道德理想和道德信念；“笃行”是指道德实践，它是道德发展的最后阶段。中国古代教育家重视道德理想与道德实践之间的密切联系，认为道德教育是成于内而形于外的，道德修养的高低主要通过行动来体现，它是达理和践履的统一[①]。无“志”则“行”无方向，无“行”则“志”难落地。立志、笃行在小学阶段的道德教育中显得尤为重要，它们为人生出彩奠定道德基础。

“志”的含义极为丰富，信念、信仰、理想、目标、志向等，均可用“志”来概括。孔子首先提出“志于道”“志于学”，启导受教育者树立崇高的道德理想。树立了崇高的道德理想，坚定了人生的信念，就能够在道德实践中方向明确，行动笃实。

“笃行”要求知行统一，言行一致，脚踏实地。率性德育所倡导的“笃行”是指学生道德认知发展中重要的行的过程，这一过程需要学生将以往的道德认知转化为具体的、坚定不移的道德行动。顾明远先生主编的《教育大辞典》对行的重要性进行了论述，它将“力行”表述为将道德观念或道德准则付诸实践，它是德育的一种要求，是思想品德形成的重要环节[②]。人的思想品德的形成不能单靠传授，形成道德认识后还要付诸实践，加深理解，如此才能转化为相应的道德行为、道德习惯。任何道德观念、道德准则，也只有付诸实践，才能体现其价值。

由“立志”到“笃行”需要一定的意志力。学生在行的过程中需要克服挫折、疲劳、恐惧等诸多干扰因素，因此“笃行”之前的“立志”就显得尤为重要。可以说，“笃行”的重要前提就是立志明理。洛克在《教育漫话》中指出：“一个青年人在离开父亲的住宅和导师的保护以前，

① 黄济．中国传统教育哲学思想概论［M］．郑州：河南教育出版社，1994：245.
② 顾明远．教育大辞典：增订合编本［M］．上海：上海教育出版社，1998：961.

他应该具有一种不屈的决心，应该熟悉人情，使他的德行不至于发生动摇，否则在他没有十分明白交友的危险，不能镇定地抗拒一切诱惑以前，他是很容易陷入危险的歧途，走上致命的绝径的。”① 立志的重要性由此可见一斑。

（执笔人：于伟、王廷波、刘新生、孙劼）

① 洛克．教育漫话［M］．傅任敢，译．北京：人民教育出版社，1985：69.

第八章　率性德育的实践探索

学校德育有多种实践的形态和载体。在我校，全体教育工作者通过班队建设活动、学校年间活动、社团（社会）实践活动、养成教育活动等途径，不断深化“有过程、有尊重、有道理”的率性德育。

本章选取了我校率性德育的一些实践探索案例。这些案例有的是对德育活动细节的回顾，有的是对德育活动设计的解读……它们从不同角度呈现了教师认识率性德育内涵的过程，研究率性德育实践的过程，总结反思德育行为的过程。我们希望通过这些生动鲜活的案例，呈现出率性德育探索的样貌，映射出教育者对率性德育的思考。

一、学生成长的有“氧”空间

《周易》中说：“蒙以养正，圣功也。”意思是说，在启蒙时期，对儿童加以正确的引导、教育和启迪，这是圣人的功业。率性德育强调遵循德育规律，遵循儿童道德品质发展的规律和特点，尊重儿童的人格人性，关注儿童成长过程中的发展变化，科学、合理地“养正”，使儿童在有“氧”的成长空间里，获得更多的道德认知及情感体验，磨炼意志品质，养成良好习惯……。这，是每一个德育工作者所追求的功业。

我是学校的一名德育工作者，每天和形形色色的学生接触，我思考最多的就是如何触及儿童内心，将其道德认识转化为好习惯并固化好习惯。

（一）树立榜样，为学生心灵加“氧”

清晨，我照例开始了对各班级的巡视……

保洁员已经在开放空间里忙碌了。硕大的拖把在保洁员的手中灵巧而有力地舞动着，前倾，伸臂，脚步稳稳地走几个来回，地面变得光洁如新……几个学生经过，光洁的地面上留下几个淡淡的脚印。

继续向前，一个二年级的小姑娘正在费力地擦着门玻璃，我凑近一看——嘿，更脏了！

踏进四年级某班的那一刻，我吓了一跳：满地的纸屑，桌椅歪歪扭扭，清洁用具横七竖八地躺在清洁区里……这班的班主任王老师正在出差，果然班级的卫生就出状况了。

正当我要转身离开时，走进来一个小男孩。看到我的那一刻，他有些惊讶，再看到教室里的糟糕场面，他变得有些紧张，低着头，小脸憋得通红。这时，我俯下身来，拉着他的手坐下，和他交谈起来。

他叫小A，短暂的寒暄过后，一次比较拘谨的聊天就此展开。

我：班级里怎么会是这样一番场景？

小A：昨天的值日生有的提前被家长接走，有的被数学老师叫到办公室，还有同学逃避值日工作。很多同学的想法是：既然我不是值日生，我就没有必要去打扫卫生。我也是这样想的……（他低下了头）

我（拉着他的手）：孩子，看到你的表情，老师知道你已经有改变自己的想法了，那你愿不愿意和我做一个约定呢？

小A（有些惊讶）：约定？

我：从今天开始，你默默地做班级劳动带头人，主动捡起地面的垃圾，每天都主动打扫班级，就这样，一直努力做下去，可以吗？

小A点了点头，但似乎不是特别自信。回到办公室，我的内心久久不能平静……

现在的孩子，大多数都是独生子女，他们从小生长在“蜜罐”里，享受着父母、长辈、亲朋好友的爱。这些在爱河中泡大的“小皇帝”“小公主”普遍出现生活无规律、不会劳动、个人卫生习惯差、自理能力弱、责任意识和环保意识不强等问题。这些孩子没有吃过苦，不会劳动，不愿意劳动，不懂得珍惜他人的辛苦付出，就连投抹布、擦桌子这样的小事做起来都是手忙脚乱的。而且，坚持劳动这样的习惯对于小学生来讲也是不容易养成的，小 A 就是典型的例子。

发现了问题，就需要思考针对性的策略。针对劳动这一养成教育的常规内容，我草拟了一份新方案，并抱着试试看的态度开始推行。在庆祝“五一”国际劳动节主题升旗仪式上，学校邀请到市级劳动模范担任升旗手，用劳模故事打动每一个孩子。此外，还进一步优化了年级、班级以及个人劳动评价内容和表彰方式，如每周进行“热爱劳动小标兵”和“环境整洁最美班级”的评选活动。几周过后，我惊喜地发现：学生的劳动积极性有了明显提高。那个内向的小 A 也经常主动地打扫卫生，尤其是在被评选为班级“热爱劳动小标兵”并在校园红领巾广播中进行宣讲后，他的热情更高了。有一次在学校操场上遇到我，小 A 主动上前打招呼，笑呵呵地对我说：“姜老师，我们班现在不是没人值日，而是大家都抢着干、比着干。在前三周的‘环境整洁最美班级’评比中，我们班得到了表彰，同学们高声欢呼，其他班的同学都夸我们班‘好牛’，我们都非常开心……”听了他的话，我欣慰地点了点头。

树立典型的榜样教育，促使学生形成了一种新的劳动观：尊重劳动，欣赏劳动。从学校、年级到班级，逐渐形成一个较大的“磁场”，牢牢吸引住每一名学生。通过榜样示范，强化学生的道德认知，使学生产生思想共鸣和情感反应，学生的自主性、积极性被调动起来，学生的心灵得到了“氧”！这是学生价值判断的过程，是学生道德认识由浅入深、由具体到抽象的不断发展的过程。

（二）实践体验，给学生情感加“氧”

令人快慰的时刻总是那么短暂。一个月后的一个午间，小 A 泣不成声地跑进我的办公室，脸涨得通红，眼睛也红红的，情绪很激动。我忙安慰他坐下。

过了一会儿，小 A 平静下来，却仍是愤愤不平："姜老师，我班的×××笑话我！说我是清洁工，还故意把废纸团扔到我旁边，说我长大以后只能捡垃圾……"

促膝长谈后，当我问到他在劳动时心情怎么样时，他很认真地说，当帮助别人时，他觉得自己很快乐；当看到干净整洁的教室环境时，他的心情非常好；当在校园广播里说出自己的心声时，他觉得非常光荣……

在劳动中，小 A 体会着委屈、快乐、骄傲等各种情感，这正是实践体验所带来的。然而，×××同学这样的"淘气包"所表现出来的鄙视劳动的倾向，在小学生中也不罕见。如何通过教育实践让学生获得情感体验？如何让学生认识到劳动创造了世界，劳动创造了价值，并让他们体会到劳动带来的幸福和喜悦呢？

小 A 把问题抛了过来，我丝毫不敢怠慢，开始精心设计下一步教育方案。于是，根据各年级学生的特点，分年级开展一系列趣味劳动比赛（图 8-1、图 8-2）的活动方案新鲜出炉。趣味劳动比赛通过班级角逐、年级比拼、学校竞赛，层层选拔，决胜出"劳动小达人"。学生们的参与积极性被充分调动起来，劳动氛围空前高涨。学生们在一次又一次的体验活动中感受到劳动之趣，感觉到劳动之美，感悟到劳动光荣。

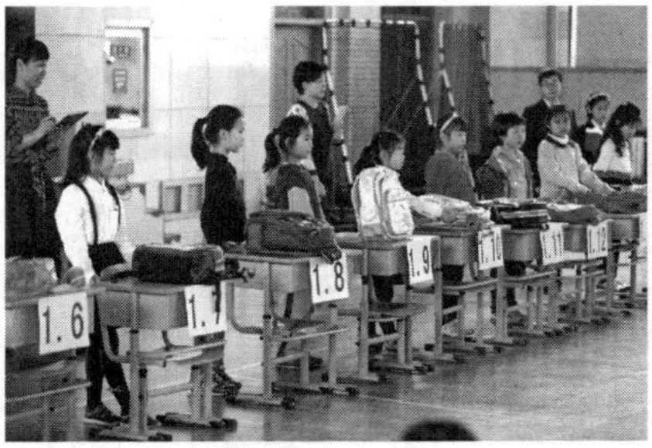

图 8-1　整理书包比赛

图 8-2　整理书桌膛比赛

体力劳动不仅可以使小学生获得一定的技能和技巧，形成一定的行为习惯，而且为他们提供了一个广阔无垠的、丰富的思想世界。在实践体验的过程中，教育者要善于利用情境，因势利导，使知识、道理与情感发生共鸣，使道德认识转化为信念，使信念在潜移默化中成为习惯。

（三）磨炼意志，为学生成长注“氧”

“喂，您好！请问是姜老师吗?”一个陌生的号码，一个温和的声音。

“我是，请问您是哪位?”

“您好！我是小 A 的妈妈。冒昧给您打这个电话，是想谢谢您对小 A 的培养，但是我觉得做学校的‘纪律卫生小督察’牵扯了他太多的精力，所以想辞掉‘纪律卫生小督察’一职。我也打算和班主任沟通，辞掉班里劳动班长的工作……”

挂断电话后，我的心情非常复杂。这项工作真的会影响学习吗?我找到小 A，和他推心置腹地聊了很久。请辞的，其实不是妈妈！看到小伙伴们每天在课间都能游戏，而他由于工作太多而不能和同学一起玩耍，他总是觉得很失落，又不知道如何向老师开口，所以请出了妈妈。那段时间，我陆续接到了三个学生小干部的辞职申请，孩子们的意志动摇了。我约谈了几位班主任，发现这种情况在班级里也确实存在。于是，一次以“如何让学生学会坚持”为题的德育沙龙在辅导员之家悄然拉开帷幕……

小学生意志品质发展具有明显的不稳定性。由于年龄和生活经历的限制，小学生还不习惯于依靠自己的力量去克服困难。这些困难产生累积效应后，儿童便会降低对自己的期望，产生畏难情绪，而拥有坚强的意志品质，是一个人达到目标、获得成功的必要条件。因此，学生意志品质的培养是教育者需要关注的重要方面。

在充分调研了几位班主任、小干部的基础上，我及时调整、完善了小干部轮岗制度，将“纪律卫生小督察”队伍分成三组，每组负责一周的工作。这样，小干部们在得到锻炼的同时，也有了更多自主游戏活动的时间。此后，我更加关注学生意志品质的培养。“志”要在“行”中磨砺，为此校园“最美少年 VIP 剧场”（图 8-3、图 8-4）这一创新型德育活动应运而生，这也是学校养成教育评价的一项新举措。

图 8-3　“最美少年 VIP 剧场”的创意节目

图 8-4　“最美少年 VIP 剧场”的相声表演

“最美少年 VIP 剧场”每周有一次公演，由小干部策划组织。学生们张贴活动海报，海选“校园之星”。“校园之星”们利用课余时间自主创作，准备节目。每周评选出的“环境整洁最美班级”中的“热爱劳动小标兵”可以到剧场观看演出。一次又一次彩排以及层层选拔的过程磨炼着学生的意志，激励他们成长。这些不同方式的评价以及激励，让学生们在自己喜闻乐见的活动中，以一种更主动的姿态，克服困难，磨砺意志。看着小 A 和小伙伴们认真策划表演节目，看着他细心地指导着小主持人背台词，看着他忙碌的背影，看着他游戏活动时天真快乐的笑脸……我非常欣慰，也对学校德育工作有了更深的思考。

故事中的小 A 只是众多小学生的一个代表。发生在小 A 身上的这几个普普通通的小故事，折射了丰富多彩的校园生活。他们在活动中获得新的道德认知和情感体验，在身心成长和发展的过程中形成信念，养成习惯。德育工作者要针对小学生特点开展教育活动，要竭尽所能为学生成长注“氧”。这个“养正”的过程必须渗透到方方面面，持续终身。

（执笔人：姜丽丽）

二、我们一起来劳动

学生良好习惯的养成，是一个漫长的、反复的过程。劳动教育不能仅仅停留在让学生掌握技能上，更重要的是培养学生热爱劳动的价值观，为他们的幸福生活奠定基础。在本案例中，教师针对学生劳动习惯养成的不同水平、不同需要，以生活指导的方式，开展了长期、多样的教育活动。

（一）广泛调研，制定标准

一年级的“小豆包”们入学已经两个多月了，他们逐渐适应了学校的生活。每天来到学校，和老师同学们打招呼，上课认真听讲，下课有秩序地上卫生间，放学排队等候家长……尤其是教室，地面打扫得干干净净，玻璃擦得亮亮堂堂，小孩子可真能干啊！可是总觉得哪儿不对劲：放学了，几位家长在教室里拖地、摆桌椅；下课了，班主任趴在门玻璃上左擦擦右擦擦…… 疑问在教师例会上得到了答案。

原来，“小豆包”们来自不同的家庭，劳动意识、能力参差不齐。有的学生连自己整理书包、摆放书本都做不来，就更别提扫地、拖地了。老师们责任心又强，为了让学生有一个好的学习生活环境，就只有身体力行，有些家长便也参加了劳动。“卫生检查标准对于一年级小学生而言太高了，他们根本做不到，能不能放低一点呢？”是啊！不同年龄段学生发展水平不一样，用同样的标准要求全校的学生，太不科学了！只有一年级有这样的问题吗？显然不是。在听取了不同年段教师的建议后，制定不同年段的劳动标准工作被提上了日程。

在和老师们、同学们反复座谈、研讨之后，根据不同学段学生对劳动的不同认知，我们制定了不同学段劳动检查标准和培养目标：低年级一改以前过于注重劳动技能的要求，侧重于培养学生劳动兴趣；中年级侧重培养劳动技能，让学生掌握一些必要的劳动方法；高年级在以前的标准之上，又增加了校园的维护工作，侧重培养学生的公益劳动精神。

“纸上得来终觉浅，绝知此事要躬行。”所有标准的制定，都要以学生为本，倾听他们的声音，遵循儿童发展规律，尊重学生的认知特点。

（二）示范体验，分层指导

又到了带领大队劳动委员到班级进行卫生检查的时候了。孩子们都很认真负责，知道检查不是目的，让环境更整洁美好，让劳动的同学有价值感是最重要的。所以每次来到班级，我们都会对环境卫生做得好的班级提出表扬，值日的同学也会满脸灿烂；遇到不会劳动的同学，大队委员就会耐心地手把手教一教。大队委员一对一指导（图 8-5），经常忙得不亦乐乎。日子久了，也算初见成效，但是我们发现存在普及面不够广、针对性不强、仍然有一部分学生不懂得如何劳动的问题。

图 8-5　劳动委员耐心地指导同学

在大队劳动委员和各班劳动委员参加的座谈会上，大家一致通过拍关于劳动的视频短片的提议。

《生活指导劳动示范片》以文字、画面、声音三结合的方式对学生劳动进行规范的指导。片中以动作示范为主，同时也传达了尊重他人劳动成果的教育理念。学校共拍摄制作针对低、中、高年级的三部示范片：低年级主要培养学生自理能力，指导学生学会书本、衣服等 10 类物品的摆放方法；中年级学生的自理能力有所增强，需要掌握一些简单的劳动技能，因此指导内容主要以擦和洗为主，包括洗抹布、投拖布、擦桌面等 12 项基本技能；高年级则侧重拖地和室外劳动的指导，培养学生为他人服务的精神。

示范片从脚本写作、培训示范者、策划拍摄方案到后期制作完成，整整经历两个多月时间，得到了班主任的支持和信息组老师的大力协助。示范片里的“小演员”们（示范者）由常规卫生做得较好的班级学生担任，做示范的学生特别骄傲，班级更加有成就感，这无形中传递着榜样的力量。劳动小窍门也是从学生中来的，当学生看到自己的小窍门被采纳、成为示范动作时很有价值感；而其他同学看到为他们做示范的都是同龄人时，也更乐于接受和学习。

（三）系列活动，科学引领

制定标准、拍示范片只是劳动教育的开始。提高学生劳动兴趣，增强学生劳动意识，让学生愿意劳动，培养劳动的价值感还需进一步的探索。为此，我们开展了一系列活动。

1. 升旗仪式，激发劳动兴趣

在“我们一起来劳动”主题升旗仪式上，在主持人的号召下，一些学生上台讲述了自己的劳动经历，激发了现场同学的共鸣。接着 6 名学生到台上为大家展示整理物品和洗抹布。3 名同学先展示了整理桌面物品，只见他们有条不紊，30 秒，就把桌面整理得整整齐齐；而洗抹布的 3 名同学更是不一般，只见他们熟练地戴上手套，浸湿抹布，擦上肥皂，搓洗起来（图 8-6）。50 秒，抹布洗得可干净啦！同学们不住地称赞：他们干得真快呀！他们的手可真巧啊！最后出现的劳动小窍门短视频让大家意犹未尽。

“我们一起来劳动”主题升旗仪式侧重学生的体验和参与，让大家分享劳动的乐趣，为劳动教育拉开序幕。

图 8-6　同学们现场展示洗抹布

2. 示范指导，增强劳动技能

示范片正式在班会时间与同学们见面了。班主任组织同学们看示范片（图 8-7）。用抹布裹住指头擦书包柜的边棱能擦得又快又好；键盘中的灰尘只要用一张卡片就解决了；抹布叠成方块擦桌面既干净又少水渍；洗抹布时少放洗衣粉，冲洗干净后，一定要拧干；投拖布时，分两部分拧，就可以把拖布拧干了；后退着拖地不会留下脏脚印……每一个示范内容都让大家豁然开朗，学有收获。同学们边看边迫不及待地要亲自试一试了。

图 8-7　班会时间集体观看示范片

学习结束，劳动开始。同学们早就按捺不住热情，都想把刚刚学到的劳动技巧应用到实践中，大家都积极主动地劳动起来。班主任走进学生中间，耐心地对学生进行个别指导，师生共同学习劳动的场景令人难忘。

由于我们加强了指导，对学生不明白、不会的地方重点给予了示范，平常普遍存在的不会劳动的问题迎刃而解。从孩子们开心的笑脸上，我们看到了劳动指导的意义！

3. 趣味比赛，享受劳动乐趣

本着让每一个学生都有机会参加比赛的想法，“趣味劳动比赛”采用抽取学号形式确定参赛选手（图 8-8）。在预赛现场，当学生端着装满写着学号的乒乓球的彩色竹篮走上台的时候，早已等候在阶梯教室的各班代表沸腾了！他们大声喊着自己的学号，希望幸运降临。当公布抽中的学号的时候，有的学生特别激动，有的则眼巴巴地看着幸运儿，满眼是羡慕，真是可爱极了。

图 8-8　趣味劳动比赛抽号现场

“趣味劳动比赛”第一站正式开始！整理书包的一年级“小豆包”们，别看他们年龄小，可一点儿也不逊色。没到预定时间，有的“小豆包”已经高高地举起了小手！二年级整理桌膛又加大了难度，小选手们快速地整理书、本、文具盒，还没完呢，还得把桌子摆正、椅子推到桌子下面！三年级比赛的是擦桌子（图 8-9），在 60 秒内小选手完成了拧、擦、洗、晾 4 个动作，好熟练啊！再看各班的啦啦队，有的同学站起来，挥舞着拳头为自己班同学大声加油，比选手的热情还高涨呢！

评审团由班级劳动委员代表组成，他们很骄傲地作为学生评审团成员参

图 8-9　擦桌子比赛

加活动。每组比赛后他们马上走到选手身边，接受选手的提问："你给我几个赞啊?""我摆得还好吧?"小评审们应接不暇,乐此不疲(图8-10)。

图 8-10　劳动比赛中小选手与小评审现场交流

设置的奖项有"劳动小达人"和"快乐参与奖"，所有参与比赛的学生人人有奖。在整个比赛过程中，不管是选手还是观众都充分享受了劳动过程、劳动果实带来的精神愉悦。

劳动教育遵循学生的身心发展规律，尊重学生的独特感受，倡导在情境体验中完善学生的道德认知，使之逐渐养成良好的行为习惯。践行率性德育的理念，探索养成教育的新路径，我们一直在路上！

（执笔人：于闻洋）

三、教育问题，唯合作不破

学生的成长是受家庭、学校、社会共同作用和影响的。学校和家庭就像天平两边的砝码，失去一方或者减少其中一方的分量，就会导致天平倾斜，影响孩子的健康成长。下面这个案例介绍了班主任在常规教育中，如何针对学生出现的问题，准确诊断、积极沟通，与学生家长达成共识，共同助力学生的发展。

曾梦想一袭白衫仗剑走天涯，却未料当了孩子王。是的，做了班主任，不仅要有序开展班级的各项活动，还要随时处理各种由笑声、叫声、哭声引发的大小事情。尤其是那些淘气包们，不时三五成群地制造一个个麻烦，自然成为教师重点关注的对象。这种师生间的“斗智斗勇”与武侠小说中见招接招的较量，倒有几分相似。

（一）教育问题，唯快不破

新学期人事安排刚刚公布，就有同事向我投来“同情”的目光。他真的那么让人头疼吗？虽然对那个学生早有耳闻，但想到他只是个即将升入三年级的孩子，我并不在意。

可开学第一天，他便用特殊的方式让我快速认识了他。课间，几个男孩子凑在一起玩“石头、剪刀、布”的游戏。突然，“啊呀”一声大叫，我循声望去，一个男孩子捂着眼睛大哭起来。我赶紧过去询问，他泣不成声，断断续续地就说“疼”。在周围同学的帮助下，我弄清楚了这个孩子叫增增，旁边那个低头不说话的就是犯了错误的小泽，他出手打了人且直接打到眼睛，原因竟是——同学赢了游戏后，笑了！

“天下武功，唯快不破。”处理学生的问题也是耽误不得。我第一时间安顿了班级学生，将两个孩子带到走廊，迅速联系家长带孩子检查。所幸，增增的眼睛没什么大碍，但小泽的问题可不容忽视。和他推心置腹地谈话后，我决定立即约谈小泽妈妈。虽然初次见面，但共同的教育目标让我们迅速达成共识。原来小泽因为说话慢，很自卑，总是担心被同学们嘲笑，所以自我保护意识过强。今天也是因为话没说出来，着急得动起手来。这个让老师、家长都感到头疼的孩子，也让人心疼啊！

我请小泽妈妈相信学校，更要相信通过我们的共同努力他可以成为更好的自己。小泽妈妈很苦恼地告诉我："因为清楚孩子的问题，所以每天上班车前都会反复叮嘱'不要动手！不要动手！'回家第一件事也是问他今天和大家相处得怎么样……可是孩子慢慢地把这当成了耳旁风，我们也没什么更好的方法了。"

哦，问题原来在这里。小泽知道大人希望他怎么做，可不清楚为什么要这么做。不理解、不认可，自然也落实不了。我建议小泽妈妈在"讲"的基础上，增加"演"的过程，也就是将和同学相处的过程，通过角色扮演的方式表现出来。今晚就再现输了游戏的场景，让小泽分别扮演自己和增增，学习换位思考。同时，家长要提前预设如果小泽出现无法及时表达的情况时，怎样有效沟通。第二天，我高兴地看到小泽向增增道歉。

（二）教育问题，唯"坚"不破

新生报到那天的家长会上，一个调皮的身影挣脱妈妈的怀抱径自走来，在众目睽睽之下，把那胖乎乎的小手放在实物展台的镜头前，屏幕上立刻出现了一个黑黑的影子在做着各种各样奇怪的动作。于是，我首先在48名学生中认识了他——小丰。

上课的时候，小丰可能径自走出教室，不知去向；排队打饭的时候，他可能直奔图书角，读书画画；体育课上，他可能出现在校园的某个角落，直到下课再回……他就这样不管学校的规矩，不顾老师的担心，沉浸在自己的世界里，想走到哪儿就走到哪儿，想干什么就干什么。

这是什么原因呢？我找到小丰的父母进行了解。他们很懊悔：在孩子上幼儿园的时候，也出现了随便走动、吃饭走走玩玩的现象，当时觉得孩子小，所以听之任之。没想到，孩子缺少规矩意识以及行为约束力的问题，现在怎么改也改不了。

是啊，每个孩子都不是独立存在的，他来源于家庭，有着已经习以为常的生活行为习惯，改变它需要耐心，需要过程。行为心理学认为，一个人的动作或想法，如果重复 21 天就会变成习惯。我们也带着小丰试试吧！

“小脚丫家庭评比台”很快做好了，如果在学校懂得规矩，不随便乱走，我就在放学前发给小丰一枚“小脚丫”，回家后可以贴在评比栏上。每天有了目标，小丰开始慢慢在意老师的要求，追随老师的目光。我和小丰父母也有默契地通过“小脚丫”传递信息，我有时将表扬或需要注意的事情，写在“小脚丫”的背面；小丰父母也会定期地将家庭评比台拍照给我。

功夫有“唯坚不破”的说法，教育也有坚持不懈的真谛。有目标引领，不急功近利，育人，恰恰在过程中。“不随便乱走”是个小目标，但持之以恒的关注和陪伴，让小丰有了自主发展的要求，也有了成长成功的体验。这个小目标坚持了一个月以后，小丰又先后确立了成为“发言小标兵”“劳动小能手”等新目标，变得和同学们一样积极向上。

（三）教育问题，唯真不破

小徐的妈妈是一位让人印象深刻的家长。

这学期的大课间活动是踢毽子。孩子们在踢开第一脚后，往往就满操场追着踢第二脚。小徐和小蒋就是在这种情况下，不小心撞到了一起。我刚想过问，两个孩子又乐呵呵地继续玩起来。

放学后，小徐妈妈打来电话，不依不饶地问：“为什么我家孩子会摔倒？没有他家孩子，我儿子能摔吗？”我试图说明情况，并告诉她集体生活中磕磕绊绊在所难免，男孩子应该大度，她又开始怀疑老师偏心。

这就是徐妈妈，因为家庭的变故，她感觉所有人都愧对自己。我推心置腹地告诉她这样对孩子的教育不好，尤其是小徐已经多多少少有了妈妈的影子，缺少正能量，缺少朋友……徐妈妈停顿了片刻，挂了电话。

在沟通过程中，我感到了前所未有的困难、委屈。冷静下来，苏霍姆林斯基的话再次浮现在脑海："教育的效果取决于学校和家庭的教育影响的一致性。如果没有这种一致性，那么学校的教学和教育过程就会像纸做的房子一样倒塌下来。"① 天下教育，唯真不破。作为班主任，首先要站在小徐妈妈的立场上，理解她的心理，做正向引导，针锋相对的谈话只会制造新的问题，真情实意的沟通才会实现家校的合作。所以，我不断调整自己的心态，就事论事，疏导解决，以理服人。慢慢地，双方沟通越来越顺畅。

新年前夕，徐妈妈特意带着孩子送来贺卡……

每个孩子都是独立的个体，教师要尊重每个孩子和家庭，平等对话，真诚沟通。唯有家校合作，教育者才不孤单，才有力量。

（执笔人：欧欣）

四、我们和小宇的故事

每个学生都是颜色不同的烟火。教育者的最大责任就在于尊重学生的个体差异，发现、理解每个学生的不同，进而为他们量身定制教育。下面这个案例，呈现了一个自闭症儿童在班级中成长的故事：六年前，他是一个生活在自己世界中的孩子；六年中，在班主任和任课教师有针对性的教育下，他逐渐走出自己的世界；六年后，他真正成为"我们"中的一员，成为这个集体、这个学校最美好的存在。

2011 年新学期，我们一年级 1 班有了一个萌娃，叫小宇。这个男孩子，圆圆的小脸，总是低着头，很少抬头看别人。他跟谁都不说话，也不回答别人的问话；他动手能力差，吃饭的时候勺子也拿不好，其他孩子像小鸟一样在操场上奔跑，他只是慢腾腾地走；至于游戏、做操、跳绳这样

① 苏霍姆林斯基. 给教师的建议［M］. 杜殿坤，编译. 北京：教育科学出版社，1984：526.

的事，他根本不会做。我们和他的故事就是从吃饭、走路、收拾书包这样的日常小事开始的。

（一）“你说话了吗”

开学第一天的早上，小宇和妈妈一起走进教室，小宇的妈妈让小宇向老师问好，小宇没有抬头，也没有问好。我拉过小宇的手，对小宇说：“跟妈妈说‘再见’吧!”小宇也没有说。

孩子们来报到的那天，小宇的妈妈单独跟我说了小宇的一些情况。她说，小宇与人交流有一定的障碍，不会与人交往，自理能力也不行，他是有一些问题的孩子……现在，我已经感觉到了。

小宇的妈妈走了，我一边帮小宇找座位，一边和他说话。我问他：“你知道你坐在哪儿吗?”

他没有回答。一个圆脸短发的小姑娘走过来指着小宇，说：“老师，他跟我是一桌的。”

“你的同桌是不是她呀?”我问小宇。他没有回答，拖着书包向座位走过去。

我把小宇送到座位上，就去迎接陆续进来的孩子。第一节课我教孩子们把自己的东西拿出来放到书桌里，再把书包放到书包柜里。大家都在做，只有小宇一动不动。我走到他身边，指着书包说：“你把书包里的书和本子拿出来，放到书桌膛里，再把书包放到书包柜里。”他看了我一眼，没说话也没动手。我把他的手放在书包上，让他去做。他依然是没说话，也没有做。我一边帮他做，一边让他认真看，还强调以后他要自己做。

一个早上，我跟小宇之间只有我在说，没有他的回应。第二节课下课以后，我拉他到我身边，说：“小宇，老师跟你说话，你得回答我。你不回答，我以为你没听见。如果你真的没听见，我却以为你听见了，这会耽误事的。”

小宇低着头，眼睛盯着他的鞋尖看，没有理我。

那天我初步感受了小宇的“不会与人交往”，尽管不知道影响他交流的障碍是什么，但我做出了一个决定：利用一切机会，主动跟他说话，说到他也开口说话。

中午吃饭的时候，我让他坐在我对面。开始吃饭了，小宇一动不动，我说："吃饭了，我们吃饭了。"

小宇看了看餐盘里的饭菜，没有动。我拿起小勺，递到他的手里，说："吃饭吧！可好吃了。"

他说："吃什么？"

我有点莫名其妙，但是很高兴：小宇说话了。

"吃饭呗！你看，大米饭，西红柿炒鸡蛋，这是土豆炖牛肉，非常有营养的。"他接过勺子，仔细地看着餐盘里的饭菜，犹豫着。我不住地劝，他终于用勺子在餐盘里盛了一小口大米饭送到嘴里。我让他吃土豆，他也盛了一小口。就这样，他被我动员着，吃了几口米饭，还吃了几口土豆，这顿饭就算是吃完了。我知道他一定没吃饱，但是，今天我不太关心他吃饱了没有，而是对他开口说话感到非常兴奋。要知道，一上午了，跟他说了很多话，他一句话都没说。他不说话，我就不知道他想什么，也不知道他会做什么，更不知道他需要什么。这样下去，那是真没辙了。现在，他跟我说话了，如果一直说下去，就有希望了！

这个中午是快乐的。

周三的早上，我来到教室，刚好小宇也走进教室，我要求他问好，他没有反应。刚好有两个孩子进来大声地说"老师好，同学们好"。我对小宇说："你看，大家早上见面的时候都要问好，你也得问好啊！"他犹豫了一会儿，说了一句"王老师好"。说完，就坐到座位上，我让他跟同学们问好，没有成功。

课间，我经常带小宇到办公室去。老师们都主动跟他说话，大家你一句我一句，实实在在地牵动了他的心思，他也因此开始关注自己之外的人。

走在操场上，遇到一个老师，我就拉着小宇去问好，让他介绍自己。说服他做这件事很费口舌，可是，引导他关注别人必须从这些事情做起。

一段时间过去了，有些老师认识他了，他却记不住和他说过话的老师们。有一天，我在操场上遇到了何老师，她兴奋地说："我今天早晨看见你们班的小宇了，我问他认不认识我，他说认识，还说我是何老师。终于认识我了，这可太不容易了。"小宇的变化让何老师非常兴奋，也让我十分激动。

中午别人吃饭，小宇是"看饭"。你劝着他吃，他才能吃上三口五口。

一天中午，午餐是茄子炖土豆。我一边说炖菜好吃，一边拿起小宇的餐勺，把他餐盘里的茄子炖土豆扒拉到米饭上，将它们均匀地拌好，说："小宇，现在我们的大餐厅开始营业了，你是我们的顾客，你开始用餐吧！"

"王老师是餐厅经理吗？"

"是啊！"

"那做的就是王氏拌饭呢！"

这是他第一次主动说出这么多的话，太让人激动了。

"对呀！这就是我的招牌手艺——王氏拌饭，你快尝一尝吧！"说着，我就把餐勺递给他，他接过餐勺，盛了一勺拌饭送到嘴里。我不失时机地说："是不是很好吃？我的手艺很不错嘛！"

"是。"说完，他就一小口一小口地吃起来。最后，几乎把拌好的饭都吃光了。我高兴地说："小宇今天真好，吃了这么多饭。明天我们餐厅营业的时候你还要像今天这样多多支持呀！"

一直在找解决小宇"看饭"问题的办法，今天好像找到了。

从那以后，每当中午吃饭的时候，我就变着花样地制造可以"哄"他吃饭的名堂，什么"奖励加餐""小菜赠送""新王氏拌饭尝新"等。这些方法大多是有效果的。他想象着自己在一个别样的场景里吃饭，也许这样他便觉得快乐而有趣了。

我经常鼓励孩子们去跟小宇说话。班级里有什么活动了，留了动手操作的作业了，都要跟他讲一讲。这样一来，就有一些孩子跟他有了交集，小宇与同学的接触也增多了。

小宇听别人说话的时候心不在焉，半天也不回话，没有多少耐心的孩子就不愿意理他了。遇到这样的情况，我一方面反复对小宇讲清楚同学们是在帮助他解决困难，认真地听别人说话是对同学最好的感谢；另一方面，我也会鼓励给小宇做讲解的孩子，让他们正确看待小宇的情况，请他们多一点耐心……就这样，我们跟小宇各种形式的对话从没间断，而且越来越顺畅了。

（二）“我们一块儿走啊”

开学没几天，我就发现小宇走路总是低着头，几乎不看路。有时候，跑过来的孩子就要撞到他了，他也不知道躲避。他的步子是别人的一半，别人走得快一点儿，他就落下了。鼓励他跑几步赶上大家的时候，你就发现他不会像其他孩子那样跑起来。

每天吃完中饭，我们会带着孩子围着操场走一圈。一般是华老师带着队伍走在前边，我带着小宇走在后面，主要是跟他说话，教他走路和跑步。

我们要踩着一条白色的跑道线走，他走在我的前面。走路也设计有情境。我会说：“小宇，我们俩现在是在一条窄窄的路上走，两边会有悬崖，你害怕吗？”

说了两三遍，他才回答“怕”。我就说：“不用怕，小心一些，踩到白线上就不会有危险了……”这时候，他就会多少留意自己的脚步，尽量踩到白线上。

当他回答“不怕”的时候，我就说：“你很勇敢。现在我们需要加快速度，不能被大家落下！”于是，我们就走得快一些。他没落下，我就鼓励他：“不错，跟上大家了！”他落下了，我就说：“快跑几步，坚决不能当蜗牛啊！”边说边拉他快走几步。这个时候，他会流露出不情愿的表情。

我们每天这样絮絮叨叨地走着，慢慢地，他从自己独处的世界里走了出来；后来他也会注意到我，回答我的问题。不知不觉中，他走路的速度加快了。

这一切对他而言，就是进步。

（三）不能放弃该有的要求

小宇是一个“自由”的孩子，他几乎没有集体、纪律的概念。班级站队的时候他找不到自己的位置，于是，我把他固定在两个孩子中间。可是，队伍还没走出多远，他已经开始“自由行”了。如果不理他，他不知道会走到哪里。你追上他，把他拉回来，没走几步，他又落在后面了。

上体育课时，只要老师带着孩子们活动起来，他就开始“自由行”了。谁也不知道他会跑到操场上的什么地方，因此，老师总是要一边上课一边注意他。发现他跑远了，就找个同学把他拉回来。没过两分钟，他又去“漫游”了，再拉他回来，周而复始，这一节体育课上老师付出的辛苦和耐心可想而知。

在室内上课时小宇也会“自由行”。每到这时候，孩子们都去看他，老师的课是讲不下去的。

一天中午，我跟小宇说他上课随便跑到前边会影响老师和同学们，他说：“我不知道哇。”

“你不知道什么呢？是不知道自己有没有跑到前边去了，还是不知道自己有没有影响老师上课？课堂和我们的家是不一样的。如果每个同学遇到自己感兴趣的事情就跑到前边去，课堂不就乱了？老师还怎么讲课？大家还怎么学习？别的同学都不这样做，你也不能这样做。”我一口气说了这一堆话，最后那一句我明显加重了语气。

小宇注意到了，抬头看了我一眼，说：“是啊！”

“那就记住：这件事以后不能做。”我的态度很明确。

我知道小宇的问题不是谈一次话就能解决的，需要慢慢来，但是，让其他孩子正确地面对小宇的特殊情况，这是不能等的。

下午班会课上，我跟孩子们一起解决这个问题。

我们一块儿回忆课堂上发生的事情，让孩子们明白小宇的做法是不对的，同时也让小宇知道他的做法影响到了别人。之后，请大家说说遇到这种情况时自己该怎么做，很多孩子说出了自己的想法。最后，我们达成共识：以后再遇到这种情况，大家不看小宇，不说闲话，做自己该做的事情。

这回，小宇明白了：在课堂上，不能随便跑到前边翻动自己想看的东西，这样会影响老师和同学们。班里的孩子们也明白了：看到小宇不合情理的做法时要不去理睬，做自己该做的事情。尽管这两件事都不是短时间内能做到的，但是，该有的要求不能没有。

一天下午放学的时候，小凡一手拿着一个书包走过来，把其中的一个书包放到小宇的桌子上。小宇看了一眼，开始装书包。小凡装好书包以后过来帮小宇。我说："小宇，说一声'谢谢'呀！人家把书包给你拿来又帮你收拾书包，你得说声'谢谢'。"小宇没有说。他的态度让我有点生气，就冲小凡说："你去走廊站队吧，他自己能做的事情让他自己做。"小凡走了。

这是第一次比较严肃地制止同学来帮助小宇，小宇一声不吭，书包收拾完了，背着书包到走廊里站队。他今天居然不是最后一个。

在没有人帮助的情况下，小宇不是最后一个，这说明什么呢？说明自己的事情他能自己做，只是他一直在依赖别人给自己做。

以前总是想到要帮他，因为他确实有困难。其实，真正解决这些困难需要他自己的努力，如果别人一味地帮他、代替他，这样下去，他永远都不会长大。他已经是二年级的学生了，有的事情必须对他提高要求。

吃完午饭，我把小宇叫到我身边，说："给你提出一个新要求：自己做整理书包的事情，在家里和在学校都不用别人帮忙。"

"有点不行啊！"小宇有些不情愿。

"为什么不行啊？整理书包这样的事情，你已经会做了。"

"哎呀，一个人太慢了，做不了啊！"他开始唉声叹气。我说："速度慢一点儿不要紧，只要是你自己动手完成就行。别人能做得到的事情，你也应该做得到！"

"做不到啊！"他继续唉声叹气。

“我们班的每一个孩子都是自己整理书包，因为这是自己能做的事情。如果你什么都不愿意自己做，那是不想来上学……”

“不行!”还没等我说完，他就大声地嚷起来。我说：“你先别喊，你告诉我是自己整理书包这件事不行，还是不来上学这件事不行。”

“我要来上学。”

“来上学与自己整理书包不矛盾。你到学校里来，除了要学习文化知识，还要学会整理书包这样的事情，只学一样是不行的。”

“只学一样就是要回家了。”他说。

我说：“对呀！你不能只学一样吧?”

他没有再说话，等了一会儿，我说：“老师相信自己的事情你能自己做，从今天放学开始做起，有困难的时候，我们一定会帮助你的。有决心吗?”

“行。”

于是，我又跟小宇明确了几件必须要他自己来做的事情。

后来，我每天都会见缝插针地关注他，适时地给予鼓励；小宇周围的同学也时不时地表扬一下小宇。有时候，他们还会跟小宇比赛，看谁整理书包快。孩子们一边整理书包一边看小宇的速度，最后大家差不多同一时间完成，有时候小宇还能得第一。孩子们给予小宇的是一种鼓励，是一份关爱，更是一份信心。

孩子们对小宇的理解和包容，就像是给他翻出一块柔软的土地，让他慢慢地植根其中，健康成长。

……

这里讲述的只是这个长长的故事的开头。在六年的学习生活中，我们和小宇“捆绑”在一起同步前行，没有任何一件事情允许他置身事外。在这个漫长的从被动到主动的过程中，小宇学会了很多很多东西，他的世界里已经不再只有自己，他的眼里有了更多的美好，他的心里有了更多的精彩……

（执笔人：王丽娟）

五、尊重，看到更美的儿童

学生综合素质评价是对学生思想品德、知识技能、体质、社会适应性等各个方面的发展水平进行的价值判断。综合素质评价既是一种评价观，也是一种评价方式。在率性德育理念的指引下，学校进行了“有尊重”的学生综合素质评价的探索，从原来的教师评改为学生评，营造一个民主、公平的氛围；从学习成绩优则全优的“一刀切”式的评价改为全方位的素养评价，鼓励学生按照自己的特长自主申报星级奖项，充分调动了学生的自主性，尊重了学生的个性差异和发展速度差异；综合素质评价阶段性闯关设计符合儿童发展的特点，得到了学生的一致喜爱。

开学了，同学们手中都拿着新学期的学生手册。大家纷纷写下自己的名字，交流着新学期的“星级少年”发展目标，只看见巍巍和睿睿在严肃认真地讨论着：

“睿睿，又要制定新学期目标了，这个学期你的星级目标想好了是什么吗?”

“这个学期我的目标是成为‘六星少年’，六颗星中有我上个学期挑战失败的‘博览群书星’‘耐心倾听星’。我之前经常打断别人的发言，大家都给我指出了问题。这个学期我要努力拿到这两颗星。你呢，巍巍?”

“我啊，我想挑战的是‘运动健康星’。我一直身体不好，老师说‘身体是革命的本钱’，我想这个学期挑战一下，多多锻炼，坚持运动。还有就是‘视力保护星’，监督自己保持正确的书写姿势，保护好我的眼睛。你觉得行吗?”

“‘运动健康星’可要体质健康测试得‘优’才行啊，看你的小身板，这学期可要加强锻炼。我来监督你，怎么样?”

“哈哈，不要小看我，我可是很有毅力的。不信，打赌，期末我一定要得到这颗星！”

“好，看好你！”

看到他们小小年纪就能为自己制定目标，对自己充满信心，我心里不由地生出欣喜之情。开学了，每个学生都收到了一本新的《学生手册》（图8-11），每个学生的一项重要任务就是制订自己新学期的个人发展计划，选择这学期想获得的6个星级奖项，作为自己这学期的目标，并且朝着目标努力践行。

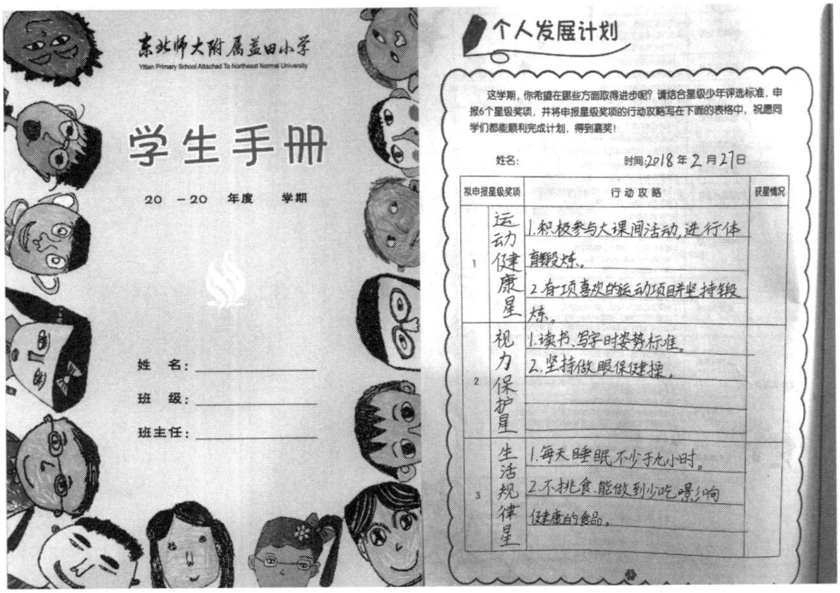

图8-11 记录成长的《学生手册》

期末考试结束后，学校分班级进行了学生“星级少年”学期末陈述（图8-12），同学们按照学号依次登台发言，陈述学期初定下的目标以及自己为实现目标而做出的努力，请其他同学评价他是否能够获得相应的星级奖项。认真的学生都提前准备了讲演稿。开学初睿睿为自己定下了获得“博览群书星”的目标，她是这样陈述的：

我想要获得的第四个星级奖项是“博览群书星”。这个学期我努力利用好课余时间，抓紧时间多读书，目标是读完10本书。我真的朝着这个目标努力了。本学期我们班共读了5本书，我自己又向同学借了6本书。每本书我都能认真阅读，及时做好读书小报和读书记录。我的读书小报还被选为优秀小报在开放空间里展出。我还在读书的过程中记住一些好词好句并运用到我的习作中。我觉得这个目标我达到了。请大家支持我，为我投票吧！

她用期待而充满信心的眼神看着大家，只见同学们纷纷举起手臂，表示对她的支持。看到全票通过，她的脸上露出了满意而幸福的笑容。

回想这个学期，睿睿在读书方面真的是勤奋刻苦。一向没那么爱读书的她，在整个学期中紧跟大家步伐，在规定的时间内读完指定书目，还用心地记录。在好书分享会上，她和大家分享读书收获，还将自己的读书笔记拿出来让大家提建议。我感受到了她的努力，也看到了她获得同学们肯定时流露出的成就感。我想这就是他们在这个年龄能够体会到的自我实现的愉悦吧。

图 8-12　期末学生结合目标做个人陈述

当然了，评星也不是一帆风顺的，这不，小母同学就遇到了困难。他希望获得“勤俭节约星”，却没有得到大家的认可。当时我以为，他也许会过渡到下一个评述，或者是很难过地低下头。然而我看到小母同学在犹豫了一下后大大方方地问道：

“同学们，你们能告诉我没有给我投票的原因是什么吗？”

在思考了片刻后，有人举起手来。

“我把票投给你了，我觉得平时老师总是表扬你，说明你是很优秀的，那优秀的学生在哪个方面都应该是很不错的，所以我把票投给了你。”

“我不同意，你的学习是很棒，可是你并不节约，我就有好几次看见你浪费了很多纸在玩纸飞机。”

小母同学马上有些委屈地回应：“后来那些纸我都用来当作草稿纸了。”

马上又有同学站起来质问：“你平时不节约水，很多次你都打开水龙头不关，浪费水资源。对不对？”

小母同学马上低下头去，然后又抬起头来，服气地说：“嗯，的确是我做得不够好。下个学期，节约还是我的目标。我一定继续努力，让大家看到一个真正节约的我。”

真是有担当的小母同学，我在心里暗暗为他感到高兴。同学们的反馈就像一面镜子，让他看到了自己的不足。加油吧，期待看见更好的你。

在最后一名同学陈述结束后，我顺势采访道：“同学们，看到你们认真、积极地对待‘星级少年’评选，我很高兴。我想采访一下，你们喜欢‘星级少年’评选吗？”

小巫同学说：“不知道大家有没有发现，之前优秀同学都是由老师安排的，即使我们做出了评判，最后也都是由老师根据自己的意愿进行了修改。现在‘星级少年’都是由我们自己来评选。老师，我觉得越来越公平了。”

睿睿说：“老师，其实‘星级少年’评选我们都非常喜欢。我觉得我们更积极主动参与了。我们私底下都在讨论着自己制定的目标。在整个学期中，我们也都是朝着这个目标努力的，彼此还互相鼓励。在最后投票的时候，大家真的是认真思考了这一个学期以来被评选的同学是否按照目标去做的，同学们的投票都不是随随便便的。我发现，以前都是一些好同学很积极，上台领奖的也都是老师选出来的，成绩差一些的、表现没有那么优秀的同学根本不在乎评优，因为他们根本评不上。但是现在不一样了，大家都变得积极起来。就连一向不爱说话，也不积极参与班级活动的小沈同学也参与进来了，而且还很重视。所以，我们都特别喜欢这样的评选。”

我完全没有想到经过了两年的综合素质评价改革，五年级的学生会有这样大的变化。回想原来的综合素质评价，都是每个学期末由班主任根据自己主观上对学生的判断进行评价，能被评为优秀的总是那几名学生。最近两年，学校在率性教育理念的指引下，围绕学生素养培育目标，从品德发展、学业发展、身心发展、实践能力四个方面构建了新的学生综合素质评价体系，将每一个方面的目标划分为 25 个具体的星级奖项，以《学生手册》为载体，采取学期初学生自主申报、制订个性化发展计划，期末进行评星陈述和学生表决的方式评选。学生获得的星级奖项可累积叠加，当学生获得了某一方面所有的星级奖项之后，就会获得校级奖项。在每学期末的“星级少年”表彰会上（图 8-13），每个学生可以获得属于自己的荣誉证书。学校还开发了可爱的奖品——益田萌娃“率率”和“田田”，成功获得校级奖项的学生可以获得该奖品。学生们别提多开心啦，这些奖品到哪儿都舍不得放下。

图 8-13　“星级少年”表彰

“星级少年”评选尊重了儿童道德发展规律。皮亚杰儿童道德发展阶段论认为，小学阶段的儿童道德发展处在由他律道德阶段（6—7 岁）向自律道德阶段（8—12 岁）过渡的时期。在他律道德阶段，学生以服从权威为主要特点。在此阶段，学校的综合素质评价以教师辅助学生制订个人发展计划为主，由教师为学生申报星级奖项提供建议，并指导学生按照目标努力，培养学生初步的制订计划的能力，帮助学生建立勇敢陈述的自信。而到了 3—6 年级，学生的道德发展逐步过渡到自律道德阶段，学生不再以服从为特征，而是强调平等。在此阶段，学生可以脱离教师的指导，独立思考本学期发展目标，了解自己的优势和不足，并能够对照着评星标准约束自己的行为，真正做到将标准内化，用自律代替他律，形成正确道德认知，养成良好习惯。一个好的评价制度，一定能够激发学生内在的动力，让学生体会到自我实现的快乐，让学生在努力中看到自己的进步。

每学期的个人发展计划，一千个学生有一千种不同的面貌，一千种不同的奋斗目标。有的学生连续几个学期都没能获得某个星级奖项，不过他不会气馁；有的学生早早集齐了所有的运动健康能力下的奖项，那他一定是体育节上的小明星；小小“学霸”们在“乐学善思奖”上投入了大量的精力，但是他们还需要提高体能，充实心灵。每一个学生都是独一无二的，兴趣爱好不同，擅长的方面不同，发展的速度也不同，在尊重每个学生的个体差异的同时激励他们全面发展，这是我校学生综合素质评价追求的目标。

（执笔人：王虹、于红）

六、逐梦少年　扬帆起航

——2017 届学生毕业典礼活动手记

当教育者把尊重作为一种习惯，融入教育教学的点点滴滴中时，学生一定会展现出自信的态度和自主的意愿，进而磨炼出自主选择、判断、实践、创新的能力。下面的毕业班教师的工作手记，真实地记录了毕业班的学生经过了六年的校园生活熏陶，自发自主地设计、组织毕业典礼的全过程。

在六月的第一缕骄阳里，2017 届毕业生迎来了生命里最热烈的日子——毕业季。

六年的学校生活，极大地丰盈了孩子们的内心，自信与阳光就写在他们的脸上。毕业在即，他们有“志”有“行”，满怀感恩之心，为母校献上毕业典礼，也为自己的小学生涯增添了华丽的一笔。

（一）责任，担起来

这是一个敏感的季节，空气中弥漫着忙碌和忧伤。老师们忙碌着，操心着孩子们的学业，也在思考着策划一个怎样的毕业典礼。就在毕业典礼方案刚刚出炉，初次与学生干部商量实施的时候，我才发现，在这个充满离愁别绪的日子里，他们不仅在忙碌着为小学学业画上完美的句号，忙碌着留下友人的电话号码，他们也在忙碌着、商量着要送给老师和母校一个他们心中的毕业典礼。

“老师，班级的事情、年级的事情我们都是自己做，毕业典礼我们可以自己设计吗？”

毕业典礼是小学的最后一次大型活动，对于每个人来说都是意义非凡的，让孩子们设计毕业典礼，可以使他们的经历更加丰富，体验更加深刻，我答应他们可以尝试一下。

“老师，很多同学都想参与毕业典礼的活动，我们可以做成毕业典礼系列活动吗？”

毕业典礼必须精益求精，一场典礼已经是不轻的工作，要是场次增多恐怕难以招架，我追问道：“这个难度很大，你们有什么打算？”

“最近我一直在和同学们商量，今年的《中国诗词大会》《朗读者》都很火，我们来到附小以后就开始背诗，是检验我们积累的时候了。对于这六年的小学生活，我们更是有很多话要说，所以我们想效仿电视节目，组织‘诗词大会’和‘朗读者’。”

“想法不错，毕业典礼的仪式部分在哪里呈现？”

“毕业典礼我们也会沿用以往的歌舞表演形式，但我们只想歌唱自己的心声。至于典礼，我们希望只有庄重和别离！”

好一个“只有庄重和别离”，看来让孩子们策划是对的，孩子们不需要我策划活动来感动他们，让他们难忘恩师、难忘母校，他们已经被深深打动！

“那就组建筹备小组、招募工作人员吧！不同的内容，不同的大组；同一个大组，也要细分小组。大家都动起来！”

“耶！谢谢老师！”听着他们欣喜的欢呼，看着他们自信的笑容，我预感到这次的毕业典礼将有所不同……

（二）爱，大声说出来

之后的日子里，六年级孩子动起来了。他们在我和同事的建议下敲定了毕业系列活动的专场内容和顺序；组建了不同的活动团队，分别负责人员的参与方案、内容的筛选、幻灯片的制作、场景的布置……

于是，在那个阳光绚烂的六月，在那座桃李芬芳的校园里，走过六年时光的莘莘学子，倾吐了内心的深情……

“我的班主任莫老师近来也变得柔软，常常爱感动，我甚至担心毕业那天，莫老师会躲在教室里远远地凝视我们，不敢相送……我知道，同学们毕业后还会聚散分合，但我们却把最敬爱的莫老师留在了这里！”六年级4班孙纤雅款款走上台来，娓娓地讲述对莫老师的爱，字字句句浓情，惹得师生热泪盈眶。当莫老师被请上台，与她挚爱的学生拥抱时，早已红了眼睛，颤抖了声音。师生情、一生情，难舍弃！

“敬爱的老师，感谢您！您让我们饱尝了知识的琼浆，用智慧给了我们无穷的力量。”“敬爱的老师，感谢您！您用自己的博大，为孩子们铸就了飞翔的翅膀。”这诚挚的表达来自六年级11班周乔熙和他的爸爸。目睹孩子六年来的成长变化，作为家长，对老师和学校怎能不满怀感恩呢！

2017年6月20日，“感恩·成长”朗读专场在学校多功能厅隆重举行，来自12个毕业班的朗读者用声音表达爱，用真情话成长。孩子们说：

“我们不想读名家美文，我们想读自己的文字，我们想把我们在这里获得的友谊、欢乐和幸福读出来，把我们对老师和母校的爱读出来！”

“我们想增加一个互动环节。我读给您的文字，希望您能听到，也希望得到您的回应——哪怕只是一个眼神、一个挥手、一个拥抱或者一段话语……我们想让朗读留在大家的心里，尤其是那个我们在意的人的心里！”

是的，孩子们，你们做到了！

（三）才气，“秀”出来

当大家还沉浸在“朗读者”深情的话语中不断回味时，六年级的“中国诗词大会——青逐·梦歌”已经由另一组同学紧锣密鼓地筹备起来。

6月23日，在学校繁荣校区五楼多功能厅，来自12个毕业班的诗词爱好者组成4个小组，参加了这次诗词大会，同时现场还邀请了3位六年组老师作为点评嘉宾。

古筝声声，琴鸣悠悠。6位主持人身着古风服饰闪亮登场，整个会场充满了诗风词韵。诗词大会上设计了识别诗句、填写上下句、填字选择、根据文字线索猜诗人和作品等不同题型的100余道赛题，比赛现场气氛紧张，掌声频起，喝彩声不断（图8-14）。

大会还穿插了歌曲演唱《青花瓷》《水调歌头》、舞蹈《半壶纱》和朗诵《念奴娇·赤壁怀古》等节目。

精彩绝伦的“飞花令”，在现场老师选择的“酒”字中拉开帷幕。你方唱罢我登场，选手们时而气定神闲，时而蛾眉微蹙，时而凝思默虑，时而信手拈来……台下的同学们也暗自思量起来，暗暗为选手们捏了一把汗。

诗词大会随着“飞花令”的完结，落下了帷幕。莘莘学子以诗会友，以词抒怀，他们以这种特殊的方式向学校交上一份优异的答卷！

精彩的现场，离不开前期周密的设计。

图 8-14　毕业班级的诗词大会

“老师，很多同学都想参加诗词大会，我们在各自班级里征求了一下意见，觉得可以让大家出题，这样既满足大家想参与诗词大会的愿望，也可以解决赛场人数有限和出题难的问题。”

“那题型你们要规定好，可以以我校的校本教材《古诗 210 首》为蓝本，按年段划分班级，这样不会太混乱！”

“我们要组织一个考题评审组，还想请两位老师。”

“那没问题啊！幻灯片你们考虑过吗？那个是不好做的！尤其是看图片猜诗句或者抢答之类的题目，太复杂了！”

“老师放心，我们先研究，遇到困难我们就请老师帮助，怎么样？”

更多人的参与、有梯度的问题、精美的幻灯片、熟练的操作……

是的，孩子们，你们做到了！

（四）梦想，勇敢唱出来

2017 年 6 月 30 日，毕业班“未来 · 花开”文艺汇演活动绚烂启幕。从筹备到演出不足 10 日，12 个班的演出者纷纷献上拿手绝活。筹备小组紧锣密鼓地排练，字斟句酌地推敲，一个动作一个眼神地讨论指导，最终，为母校的老师和同学们带来了一场视听盛宴。

这里有不同凡响的相声大咖，一出场就包袱不断，在场观众笑得前仰后合，喝彩声声，留下了关于学习、关于校园的有趣回忆（图 8–15）。

图 8–15　毕业班“未来 · 花开”文艺汇演

这里有劲爆小合唱、舞蹈串烧，专业的动作，霸气的表演，炫动舞台，引燃观众，场场欢呼喝彩声不断。

这里有琴声悠悠，古风，古韵，诠释依依离别的心境。

最让人难忘的是师生自创的一曲离别之歌《家在这里》。孩子们唱道：“老师，您一定要保重身体。”老师们唱道：“孩子们，家就在这里。”……一句句深情的叮咛，一字字难舍的别离，动容的泪，别离的情，充溢整个演出大厅。

十日巧心设计，一时精彩绽放。是的，孩子们，你们做到了！

（五）帆，满满地扬起来

当时间的车轮碾过六月，挥手道别的日子也临近了！7 月 11 日，2017 届学生毕业典礼如期举行（图 8–16）。

典礼热烈而庄重，孩子们“整理行囊”，准备远行！

他们记下了师长的殷殷嘱托：“不论走到哪里，你永远都是这片沃土上一棵挺拔的小树，都是东师附小值得骄傲的一员。不要忘记‘今天我为附小自豪，明天附小为我骄傲’的誓言。”

图 8-16　学生在毕业典礼上的精彩演出

他们记下了同学的临别赠言，那字字句句是他们对母校、对师长、对同伴的深深感激与不舍，是他们出征前的铿锵誓言！

他们用手中的画笔在签名墙和彼此的T恤衫上留下自己的姓名，定格着彼此真挚的情谊。

“只有庄重和别离！”是的，孩子们，你们做到了！

（执笔人：郭超）

七、小衫寻梦环游记

校节是我校传统的年间大型活动之一，每年历时近一个月的“校节”都能引发校内外的广泛关注。在校节的系列活动中，校园文化衫创意评选是学生非常喜爱的活动。这个案例站在儿童的视角，用拟人的写作手法记录了校园文化衫创意评选这一最受儿童、家长喜爱，最受社会和大众媒体关注的教育实践活动。

我是一件纯白的T恤衫，大家可以唤我“小衫”。

自从来到这缤纷的世界，我就一直被堆挤在五颜六色的T恤中间。每天看着熙熙攘攘的人群擦肩而过，我和所有的T恤一样，不知道为什么而来，也不知道为什么而存在，只有静默地、无助地等候着独属于我的最终归宿。

直到有一天，我遇见了小Q和他的家人……

（一）初识小Q

与小Q相识，是在一个初夏的午后，小Q一家人有说有笑地来到我的面前。看着他们翻翻这件，又打量打量那件，我很希望他们能选中我。

Q爸：“选这件吧，这件的恐龙图案多酷啊，而且是现成的，多省事！”

小Q：“不，爸爸，老师让我们自己动手画！”

我暗自庆幸，如此，纯白的我岂不是希望更大？不知不觉，我展了展肩。选我，选我，小Q……

Q妈：“小Q，你看这件黄色T恤，是不是很亮丽？穿在身上一定很好看。”

我有些失落，那件黄色的T恤看起来确实很惹眼……

小Q看了好一会儿说：“可是它已经有了属于自己的颜色呀，我想要一件完全属于我自己的T恤衫，我要它的颜色、图案都来源于我。”

Q妈：“好吧！那就选这件，选这件纯白色的好了。到时候，你想画什么就画什么，想怎么设计就怎么设计。”

小Q没说话，认真地打量着我，心里仿佛是在计划着什么大事情。在跟随小Q回家的路上，我很兴奋，似乎明白了自己存在的意义，或许我也可以有梦想，而且这梦想一定和这孩子有关。

（二）小 Q 的梦想

小 Q 是四年级的小学生。这几天，他每每回来都要将我捧在胸前仔细打量，还时不时地用小手指在上面画来画去，嘴里喃喃自语，一会儿高兴，一会儿又陷入沉思。晚饭后，小 Q 又一次将爸爸、妈妈约到了自己的房间，召开了家庭会议，只是没想到的是，这一次的议题居然是我……

小 Q："爸爸、妈妈，老师说这次校节文化衫绘制主题是'我的未来不是梦'，我到底该拿出怎样的文化衫作品呢？"

文化衫？！我知道，文化衫是中国人展示特别含义的服装，特别是像我这种圆领 T 恤衫，它既大众又时髦，可以根据活动内容和个人喜好进行个性化创作。我有机会成为文化衫？！这太令人期待了。

Q 爸："小 Q，学校校节举办了四届，文化衫评选活动我们参加了几次，每一次你都有自己独特的创意。这一回，爸爸也充分相信你。"

怎么，不是爸爸妈妈帮忙画吗？这么小的孩子能画些什么？他能行？我的头脑中瞬间闪现出一塌糊涂的画面……

Q 妈："小 Q，文化衫是你的，梦想也是你的，未来更是属于你的，你就大胆地创作吧。"

小 Q："嗯！我想我未来该是一名宇航员，我的梦想就是去探索地球以外的未知世界。那么，宇航员是白色的，宇宙、星河应该是黑色和银色的，地球是蓝色的，我的皮肤是黄色的……"

小 Q 边说边拿出一沓厚厚的白纸，若有所思地开始了他的创作。马修斯的《童年哲学》中有这样一句话："'当任其自然、随性而作时'，儿童'展现出惊人的艺术天赋'。"① 在接下来的几天里，小 Q 在美术领域里自由驰骋，他不停地尝试运用各种色彩去画，时而是随性自然的涂鸦，时而是天马行空的描摹，尽情地展现他的创意和灵气（图 8-17）。大画家毕加索曾说过："我 14 岁就能画得像拉斐尔一样好，之后我用一生去学习像小

① 马修斯．童年哲学［M］．刘晓东，译．北京：生活·读书·新知三联书店，2015：161.

孩子一样画画。”谁知道站在我面前的小 Q 不是另一个齐白石、张大千？不是拉斐尔、毕加索？看着小 Q 极为认真的样子，我也特别想加入其中，和他一同完成创作。

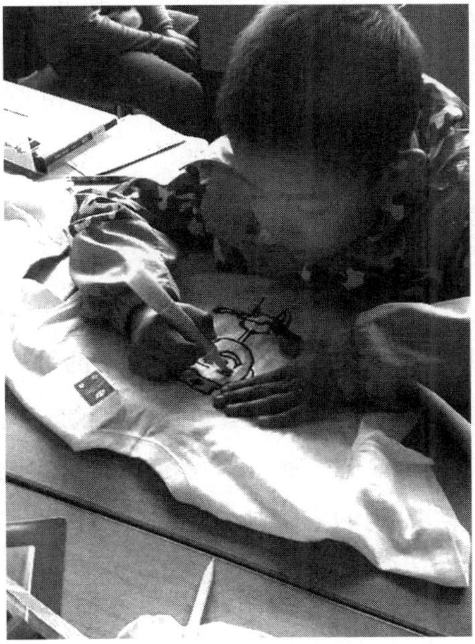

图 8-17　认真绘制文化衫

（三）班级里的“一战成名”

5 月下旬的某一天，我跟随小 Q 来到了学校。被整整齐齐叠放在书包里的我，此刻和小 Q 一样无比忐忑、激动。忐忑是因为听小 Q 说只有通过今天班级的评选才能代表年级晋级互联网投票、海选。激动是因为我就要和小 Q 一起，在全班同学面前大声地说出我们的梦想，想想就够令人期待的。

老师：“同学们，校节已经拉开帷幕，今天我们要选出班级里最棒的文化衫作品。现在，请大家都把自己的文化衫穿在身上，做好准备！”

评选就要开始了，我听到小 Q 喃喃自语：“小衫，此刻你就是我的战甲，披上你，我就会变得勇敢无比，让我们一同努力，争取一战成名，你有信心吗？”

我大声地回答：“有！”可是音乐响起了，他没听见。同学们依次登场、展示、讲解，那阵势丝毫不逊于法国巴黎时装周的名模们。

小X的文化衫上画着一支神奇的粉笔，她的梦想是当一名现代化的老师。小Z画的是梵高的著名代表作《向日葵》，他说长大后要做一名心理医生。小Y画的是一个大大的“？”和一本书，他说他有太多的问题需要解答……终于，轮到小Q和我上场了。

小Q：“大家好！我是小Q，这是我设计的文化衫，上面有四幅连环画，这四幅画代表我为实现梦想而努力的四个过程。大家请看……”

此刻，阳光打在我的身上，同时也打在小Q的脸上。我太幸福了，我再也不是一件普通的T恤衫，我的身上充满了缤纷的色彩，流畅的线条，动人的故事，还有美丽的梦想。此刻，我和这孩子的成长紧密地联系在一起，我们并肩走在追寻梦想的道路上。有那么一瞬间，我仿佛和他一同穿越到了全新的未来，我们正一同将中国的五星红旗插在一个崭新的、以小Q名字命名的星球上！

“太棒了，小Q，你太棒了……”一阵欢呼声，打断了我的想象，还没等我想明白是怎么回事，我和小Q已经被簇拥在了小伙伴的中间。看来，小Q成功了。不！是我们成功了！

（四）100000+的关注度

如您所料，我和小Q顺利晋级了，我们代表班级参加了一年一度的校节文化衫网络评选活动。也许，我们也将携手踏上此次寻梦之旅的巅峰。在三个校区近10000名同学作品的海选基础上产生出来的上百件文化衫作品代表不同的校区、不同的班级，一同登上微信这一庞大的宣传平台，接受网络大众评审团的评审。

短短三天的时间里，我和小Q的关注度就已经超过了100000+，这一次我真正地体会到了什么叫“一战成名”，直到现在我都还记得那激动人心的感觉。那几天，小 Q 一到课间就会和同学们聊起我，并积极为我拉票。放了学，回到家的第一件事也是询问爸爸妈妈投票的结果。小 Q 的家人也都是整日人机不分，连夜里睡觉翻个身都要起来看看投票的结果。最终，我和小 Q 以 4 万多张网络投票和 1500 张校内师生选票获得第五届校节文化衫“最佳创意奖”。

（五）登上荣誉殿堂

校节闭幕式上，我和小 Q 被邀请参加优秀作品展示（图 8-18）。当我们伴着动感的音乐走向场地的中央接受师生的欢呼声、掌声时，那一刻的荣誉感、幸福感真不知道如何用语言来形容。当我们站在领奖台上，接过校长亲自颁发的荣誉证书和小礼物时，小 Q 的眼角泛起了点点泪光，而我的心绪也在和暖的阳光下轻快地飞扬：我是小衫，一件独一无二的、意义非凡的文化衫。我的梦想是和小 Q 一同开启奇幻的寻梦之旅，并记录他率性成长的每一个瞬间。

图 8-18　同学们自主举办大型主题文化衫秀

那天晚上，小 Q 早早地睡着了。我却一直难以入眠，我想起了白天学校老师的一段话，也明白了我的使命。

率性德育倡导体验、实践，重视对学生现实生活的模拟，强调促进学生道德认知发展，强调充分尊重学生主体性。就像一棵植物由发芽、生长到开花结果，需要耐心等待一样，人力的作用，只能是灌溉施肥，却不能揠苗助长。一件普通的T恤衫，从出厂到被人选购也许是再平常不过的事情。夏天一过，它的使命也就结束了。可是在学校，孩子们在教师的指导下，从自主选购、设计、绘制到互相点评、投票，再到最后的网络宣传与评选，T恤衫绽放了全新的生命力，早已不再普通。它已变成留下了儿童思考与创作的痕迹，赋予儿童无限的个人智慧与情感，承载着儿童多彩梦想的独一无二的文化衫。这是我校为儿童提供适应其身心发展阶段的学不躐等的教育的缩影，也是我们不断地读懂儿童、尊重儿童、欣赏儿童、对话儿童的缩影。

（执笔人：于合乐）

八、畅游欢乐谷，游戏乐翻天

校节是东北师范大学附属小学师生庆祝“六一”儿童节的活动，更是一年一度的狂欢盛宴。校节究竟有何魔力让孩子们这么喜欢？其秘诀就是它真正做到了对孩子的尊重。下面这个案例以二年级校节活动为例，介绍了其中游戏的设计过程。从这个案例中，我们可以对校节的整体设计过程和理念窥见一斑。

在筹备校节的最后一个傍晚，布置场地过后，老师们花了一两个小时有说有笑地为孩子们亲手制作节日贺卡，欢腾着为即将到来的校节倒计时。

女巫的魔咒已经失灵，水晶鞋、南瓜车即使到了12点也不会变回原来的模样，释放你们的天性，尽情地狂欢吧！

——与你们一起疯狂的李老师

没错，写下这样文字的正是平时看起来温文尔雅的老师们。对于我校师生而言，校节，不仅是庆祝“六一”儿童节的活动，更是一年一度的狂欢盛宴。你若问：校节究竟有何魔力让孩子们这么喜欢？其秘诀就是它真正做到了尊重孩子。

率性德育强调尊重儿童的身心发展规律，尊重个性差异，尊重人格人性，尊重儿童主体性。校节中，每一项活动都来源于孩子们的兴趣，想参加哪项活动、玩多长时间、与谁一起玩都由孩子们自己决定。在这里，孩子们的个体需求得到满足，个性差异得到尊重，自主性得到保证。如二年级以“游戏”为主题的校节活动，就充分尊重了儿童的天性，深受孩子们喜欢。

（一）游戏的设计：听听孩子们的声音

玩哪些游戏，由孩子们自己来决定。在游戏项目的确定上，老师们只需处理好继承与发展、尊重与引导的关系。

1. 继承与发展

我校已成功举办五届校节。每届校节过后，学校都会通过问卷调查、访谈等方式，了解活动的效果。上一届校节过后，学校对二年级学生进行了问卷调查，了解各个游戏受欢迎的程度。根据调查结果，年级组教师群策群力规划了本次活动内容。

一方面，要继承。首先，继承了以班级为单位组织游戏的方式。从上届校节孩子们对游戏兴趣的保持时间、体能消耗情况、活动场地能接待的游戏人数以及活动的时间几个方面进行综合考虑，老师们觉得每个班承担组织一项游戏活动的方式易于激发学生的游戏兴趣，能够保证年级400余人人人参与，安全有序。其次，保留了上届校节中受欢迎的游戏。根据调查问卷的统计结果，我们保留了上届校节中备受欢迎的几项游戏：跳蚤市场、水枪大战、麻豆秀场、垂钓园、炫彩画吧。

另一方面，要发展。首先，我们把上一届校节中备受欢迎的跳蚤市场由一个班来组织改为由两个班来组织。跳蚤市场，是学生们用购物币购买文具、玩具等商品的地方。一个班接待能力有限，孩子们都对这个游戏感兴趣势必会带来排队时间过长、体验不充分的问题。为了解决这个问题，我们选了两个班级在教学楼南北两侧各设了一个跳蚤市场，满足孩子们的需要，使孩子们的体验更加充分和丰富。其次，我们以“兴趣第一、动静结合、关注性别”为原则重新选择了游戏内容。通过学生与老师的共同讨论，开心靶场、魔幻手工坊、夺宝奇兵、疯狂保龄球 4 项游戏诞生了。最后，在注重趣味性的基础上，我们还强化了游戏的文化色彩。例如，水枪大战，除了保留上一届校节中在天井进行水枪大战的经典内容，还将军旅文化引进游戏场——看解放军叔叔整理内务，了解并体验打靶，体验穿越火线，参观军用帐篷，观看作战地图，认识军用指北针，等等，让孩子们在酣畅淋漓地玩的同时还能了解军旅文化，拓展视野。

2. 尊重与引导

做什么游戏由孩子来做主，但是二年级的孩子年龄尚小，对游戏组织的可行性估计不足，教师要在尊重孩子意愿的基础上进行引导。例如，孩子们在和老师商量选择什么游戏时，一个孩子提到了时下最火的综艺节目，提出要玩撕名牌。考虑到孩子们还小，这个游戏存在一定的危险，老师就引导他们选择其他有趣的游戏。孩子们又想到了综艺节目中的许多游戏，其中人气最旺的是找线索过关。最后，孩子们和老师经过共同的商讨，确定了游戏主题“‘奔跑吧，兄弟’之夺宝奇兵”。

本次校节过后，我们对这 9 项游戏进行了问卷调查。结果显示，跳蚤市场在本届学生中仍最受欢迎，蝉联历届学生最受欢迎游戏榜首；水枪大战、炫彩画吧、魔幻手工坊也获较高认可；其余几项游戏受欢迎程度没有显著差别。与上一届游戏相比，本届游戏的受欢迎程度有所提高。

学生选择游戏的时候，有没有性别上的偏好？我们的游戏设计得是否合理呢？我们对男女生喜欢游戏的情况做了调查。

可以看出，麻豆秀场、炫彩画吧女生喜欢的比例较高，开心靶场、夺宝奇兵、疯狂保龄球、垂钓园男生喜欢的更多。老师们认为孩子们选择时会有明显的性别差异，比如女生会热衷于魔幻手工坊，男生更偏爱水枪大战。但是统计结果显示，男女生在选择这两项游戏时并没有显著的差别。

经过分析发现，我们为女生设计的游戏稍少了一些，这将作为下一届校节游戏设计的参考。

在统计调查结果时，我们还发现了一个有趣的现象：10 个班的学生都最爱自己班级组织的游戏。看来孩子们最喜欢的游戏不一定是最好玩的游戏，而是自己选择的、亲自参与组织和实施的游戏。这也告诉我们让孩子们作为设计者、组织者，经历活动的全过程是多么重要。

（二）游戏的组织：想想孩子们怎样玩才能尽兴

1. 游戏过程追求快乐至上

为了增强游戏的趣味性，年级组教师集思广益，制作了年级流通货币——购物币，设计了“赚购物币购买门票、体验游戏得购物币、持购物币到购物超市采购商品”的游戏运行模式，深受孩子们喜爱。

赚取购物币是整个游戏链条中不可或缺的一个环节，那么孩子们可以通过哪些方式来获得购物币呢？主要途径有 4 个：第一，将平时养成教育与校节活动有效衔接，养成教育中表现良好的孩子可获得积分，到校节活动时用积分兑换购物币；第二，用家里带来的八成新的闲置的玩具、文具、书籍兑换购物币；第三，活动当天，体验活动也可获得购物币；第四，如果在活动中还没有赚取足够多的购物币，或者预算超支，也不用担心，随时到开放空间“我行我秀”舞台上展示才艺、观赏表演就能获得购物币。

2. 游戏组织注重学生自主服务

在活动中培养学生自主服务意识，使他们掌握简单的自主服务技能是校节活动的目的之一。

根据活动时间安排，我们将学生分成两大组，一组留下服务，一组去体验游戏，两组学生在规定的时间换岗。孩子们自主选择工作岗位，老师利用半天的时间对每个岗位学生做什么、怎么做进行细致指导，关注语言、礼仪、动作等多项沟通技能的培养。学生分组模拟演练，以便学以致用。

在调查问卷中有一道题目是“为他人服务，你的心情怎样呢”。孩子们写下了开心、快乐、兴高采烈等词语，看来孩子们在为他人服务时产生了积极的情绪体验。有94%的学生想甚至非常想在下届校节中继续担任志愿者为他人服务，只有6%的学生表示不想在下届校节中再为他人服务。我们也随机对不想再担任志愿者的学生进行了访谈，孩子们有的说太累了，有的说觉得玩的时间不够。当我们问他们希望别人为自己服务吗，他们都表示希望。孩子们多么真实！这个调查结果告诉我们还要在调动学生的积极性上下功夫，要让孩子们体验到自己被需要，体验到成就感，从而产生为他人服务的内驱力。

校节是孩子们快乐的节日，更是孩子们成长的节日。它是我校践行率性教育理念的重要方式。于伟校长说，率性教育是遵循儿童身心发展的自然趋势、规律和特点去促进儿童发展的教育；是根据儿童的天性、个性，找到适合他们的“当行之道”，从而很好地实现儿童社会化的教育①。希望通过我们的探索，校节活动能够成为孩子们率性成长的重要舞台。

（执笔人：李颖）

九、与职业的N次对话

这是一个瞬息万变的时代，学生在成长的过程中，应该早早地去为明天生活做准备。在率性教育的实践探索中，我校增加了学生发展指导的内容，其中学生职业生涯指导的研究与实践在国内的小学中尚属首次。我校职业生涯指导以职业微体验活动为主要实施路径，依托社会资源，为学生认识自我、发展兴趣特长、了解职业环境、适应未来社会的发展搭建平台。

经过几年的探索和实践，职业微体验活动已经成为促进学生心灵成长的重要课程载体。学生们更加关注自己的内心，开始思

① 于伟.“率性教育”：建构与探索［J］. 教育研究，2017（5）：23-32.

考自己的人生。职业微体验活动也成为培养儿童社会性的载体，学生的自主精神、合作态度、规则意识和责任观念在一次次的职业体验活动中得以发展。

这个案例就是学生通过“听、看、思、访、做”，走进职业世界，感受职业的丰富内涵的过程记录。在活动前，老师们精心设计了体验记录卡，让孩子们把每一次的所见、所闻、所思、所学、所感、所悟，真实地记录下来。案例中，每段故事的开篇就是学生写在体验卡上的真实感受。学生通过观察、动手参与、实践体验，生发出探索的兴趣，培养了积极的品质，萌生了职业发展的方向。

（一）一个神奇的职业——考古学家

考古学是一个神奇的专业，考古人员的实地考察令我很感兴趣，真想亲自去体验一下。发现了古迹，他们都会小心翼翼地挖掘，生怕弄坏一点有价值的东西，哪怕是一根头发都不能破坏。如果想从事考古工作，必须有足够的耐心。

——六年级 3 班　曹彤

2016 年 4 月 18 日，一个阳光明媚的午后，在老师的带领下，职业微体验活动小分队整装出发了。这一次，我们来到了一个看上去很神秘、平时接触不到又渴望了解的场所——吉林大学边疆考古研究中心，走近考古学家这份神奇的职业。

研究中心考古学教授成叔叔，用通俗易懂的语言向我们介绍了考古学专业（图 8-19）。他告诉我们，考古学是历史科学的重要组成部分，很多历史的求证都离不开它，比如探索地球形成初期的动植物进化、人类文化的起源、人类社会的发展等。我们还学会了两种可以辨别出土文物年代的方法，分别是地层学和类型学，真的好深奥啊！

图 8-19　在吉林大学边疆考古研究中心听专家讲座

听完成叔叔的讲座，我们来到了一个小屋子里，门牌上写着“储藏室”。这里是储藏什么的呢？走进去，首先看到的是架子上各种颜色的大盒子，里面会是考古用具吗？一个戴着眼镜的哥哥，小心翼翼地拿下一个蓝色盒子，轻轻地打开了。“哇！”所有同学都惊呆了，里面竟然是一个头骨（图 8-20）。以前我只在图片中见过，这还是第一次亲眼见到，有点害怕，又好想去摸摸它。这也许就是考古的魅力。

图 8-20　在储藏室里观察头骨

带着还没有平复的小心脏，我们又来到了考古实验室。一副完整的人体骨骼吸引了我的注意力，有了之前头骨的考验，我的胆子大多了，先和他握个手，打个招呼吧（图 8-21）！

图 8-21 我和人头骨骼模型握个手

实验室里有丰富的动物化石，我们看到猛犸象的一颗牙齿比正常人的头骨还要大一圈。我们还看到了旧石器时代的工具，它们都是用材质不同的石头做成的。有一种在长白山附近找到的由于火山喷发而形成的岩石，是黑色的半透明物体，非常漂亮，叫黑曜石。

两个小时的体验，让我有种时空穿越的感觉。我发现考古竟然这么有趣，如此神奇。如果有机会，我一定要选择这门专业，成为一名优秀的考古学家！

（二）一个奉献的职业——消防员

当我穿上消防服时，感觉像挂上了秤砣，整个人都矮了几分。消防员真是一份不简单的工作。消防员叔叔要冒着生命危险去救火、救灾，有的消防员叔叔甚至会付出宝贵的生命。没有消防员叔叔的奉献，就没有我们平安的生活，我们要向消防员叔叔致敬！

——五年级 2 班 刘东涵

消防员要面对哪些突如其来的危险？什么样的人能成为消防员？除了解救人民于危难，平时的他们都要经历哪些艰苦的训练？

带着这些疑问，2016年6月24日下午，我们12名“小消防员”身着特制的消防服，来到长春市公安消防支队南关区大队岳阳街中队，走近消防员叔叔，走进他们的生活，近距离感受他们的工作。

岳阳街中队的中队长吕叔叔全程接待了我们。他带我们来到了车库，映入眼帘的是三辆不一样的消防车。车很高，我们仰头才能看见它的全貌。你们知道吗？它们简直就是大魔法箱，里面应有尽有：水带、水枪的种类繁多，令人目不暇接。悄悄地告诉大家，如果你是个小胖子，可真是不适合当消防员。我爬上消防车，着实费了好大的力气！

我们刚下消防车，只听吕叔叔大喊一声：“出警！”只见一位消防员叔叔马上跑进驾驶室启动汽车，其他两位消防员叔叔抓起消防服就往身上穿，刹那间，他们就穿好消防服进入消防车，消防车带着轰鸣声驶出车库……这一套程序完成下来不到45秒！真是神速啊！

两位消防员叔叔为我们演示了怎样穿消防服，他们动作真快，不到30秒就穿好了。消防服有50斤重，可消防员叔叔每天都要穿着这样的消防服进行负重训练。想到这里，我们都鼓起勇气，在叔叔们的帮助下穿上消防服（图8-22），真是有种说不出的滋味。

图8-22　同学们进行穿消防服比赛

在好奇心的驱使下，我们还想了解一下消防员叔叔的生活。消防员叔叔为我们展示了内务整理——叠被子。只见被子在消防员叔叔的手中魔术般地变成了豆腐块，像用刀切过似的。

离开时，“被子就是战士的脸”这句话还深深地刻在我们的心里，我们真的好敬佩他们的坚守。我们依依不舍地和消防员叔叔道别，期待再相见！

（三）一个高尚的职业——牙科医生

> 今天通过体验牙科医生这个职业，我深刻地感受到了牙科医生的辛苦与这份职业的高尚。他们每天面对一张嘴、一口牙，摆着一个十分难受的姿势，重复着同样的动作。看一颗牙可能要三四个小时的时间，但是他们仍然十分有耐心，为每一名患者答疑解惑、减轻病痛，我要为他们点赞！
>
> ——六年级4班　荆钰

今天，我们职业微体验活动小分队来到了中国人民解放军461医院口腔中心，走近牙科医生。相信每一个人都有看牙的经历，那么对于这个职业你又了解多少呢？下面就让我们和牙科医生面对面吧！

走进口腔中心，不用眼睛看，你就能知道这是看牙的地方！我们可以听到“吱吱”的声音，还可以闻到类似牙膏的味道。虽然今天不是来看牙的，但是一想起看牙的经历，我的后脑勺还是有些冒冷汗。

一位和蔼可亲的医生阿姨将我们领到会议室，我们每个人穿了一件小白大褂，坐在里面，颇有一番小医生的意思。之后，另一位牙医阿姨为我们做了一个小讲座（图8-23）。阿姨给我们讲解了许多牙齿的常识，比如牙齿的构造、龋齿的形成原因、刷牙的正确方法。让我印象最深的，就是阿姨教了我们牙齿不慎脱落后的急救方法。阿姨的讲解让我们受益匪浅。

听过牙科小讲座，我们小分队来到了治疗室。口腔中心从业30年

图 8-23　资深牙医讲解口腔卫生常识

之久的付医生为我们讲述了牙科医生的工作内容，医生给患者看牙的流程，治疗的器具。我们向付医生提出了许多问题：在治牙的过程中为什么要保持全程无菌操作？你工作中有哪些快乐？戴牙套后应该怎样去保护牙齿？……付医生说话时笑容总是挂在脸上，我想她接待每一名患者时也一定是这样的。那笑容的背后，是她从业 30 年的历练与坚持！

“孩子们，下面给你们机会当一回小牙医吧！”随着付阿姨的一句话，我们大家欢呼雀跃起来。“纸上得来终觉浅”，在学校里听老师讲解的时候，觉得牙医治病挺简单的，但是当我坐上诊疗椅，拿起真正的诊疗用具（图 8-24）时，心里还是挺惶恐的。这一刻，我感觉到医生肩上那份沉甸

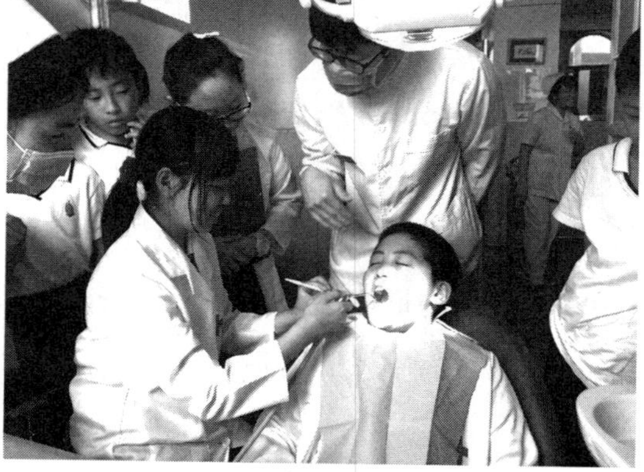

图 8-24　你是医生我是患者

甸的责任：患者信任你，你又怎能辜负他们的期望呢？想到这里，我不禁对医生这个职业增添了几分敬意。

我们的实践活动结束了。我坐在椅子上，如释重负。我才当了一会儿“医生”，就感觉有些疲劳了。可是，一位医生已经坐在那里连续工作了2个小时，没有一点喘息的时刻。他们对待工作认真细致、不怕苦不怕累的精神让我非常感动，我真的要好好向他们学习！

（执笔人：张群）

出 版 人　李　东
责任编辑　方檀香
版式设计　杨玲玲
责任校对　贾静芳
责任印制　叶小峰

图书在版编目（CIP）数据

率性教育的理论与实践探索 / 于伟等著. —北京：教育科学出版社，2018.8（2019.8 重印）
ISBN 978-7-5191-1639-2

Ⅰ.①率… Ⅱ.①于… Ⅲ.①小学教育—教育研究 Ⅳ.①G622.0

中国版本图书馆 CIP 数据核字（2018）第 169711 号

率性教育的理论与实践探索
SHUAIXING JIAOYU DE LILUN YU SHIJIAN TANSUO

出版发行	教育科学出版社		
社　　址	北京·朝阳区安慧北里安园甲 9 号	**市场部电话**	010-64989009
邮　　编	100101	**编辑部电话**	010-64981252
传　　真	010-64891796	**网　　址**	http：//www.esph.com.cn
经　　销	各地新华书店		
制　　作	北京金奥都图文制作中心		
印　　刷	三河市兴达印务有限公司		
开　　本	720 毫米×1020 毫米　1/16	**版　　次**	2018 年 8 月第 1 版
印　　张	15.25	**印　　次**	2019 年 8 月第 3 次印刷
字　　数	211 千	**定　　价**	45.00 元

如有印装质量问题，请到所购图书销售部门联系调换。